I SANTI

SANTA RITA, LA ROSA

Volevo mi accompagnasse una rosa
e la bocca addolcisse
e due fichi scavalcassero inverno.

Tu mietevi il mio campo
l'albero grande
squarciato di vento
i suoi frutti
acerbi nel borgo.

Una dolcissima pioggia
inebria il sentiero
mi spengo
assopisco il respiro
e mi avvolgo di preghiera

E ti tento
una spina freme
la mente, ti voglio
oltre il pensiero
condurmi ai tuoi piedi.

(Amelia Burlon Siliotti)

P. REMO PICCOLOMINI o.s.a., NATALINO MONOPOLI

Santa Rita da Cascia

SANTA RITA
MONACA AGOSTINIANA

nella foto: Santa Rita tra i suoi Patroni, sant'Agostino, san Nicola da Tolentino e san Giovanni Battista

Testi: **Padre Remo Piccolomini osa**
Natalino Monopoli

ISBN 978-88-8404-118-0
Per ordinare questo libro citare il codice 8227

TOTUS TUUS

Per gli ordini rivolgersi alla:

Editrice Shalom
Via San Giuseppe, 57
60020 Camerata Picena (An)

Tel. 071. 74 50 440 r.a.
dal lunedì al venerdì
dalle 9.00 alle 19.00

Numero Verde
800 03 04 05 **solo ordini**

Fax 071. 74 50 140
sempre attivo in qualsiasi ora
del giorno e della notte.

e-mail: ordina@editriceshalom.it
http:// www.editriceshalom.it

Indice

Presentazione

Quando si parla di Umbria, subito si pensa al cuore dell'Italia. Ma il pensiero si rivolge anche ai grandi Santi che questa fortunata regione ha prodotto in ogni tempo.

Probabilmente la sua configurazione territoriale, l'assenza di grossi poli urbani, l'infinita variabilità del paesaggio, ha favorito da sempre lo sviluppo di molteplici esperienze di vita spirituale che hanno lasciato una traccia di Dio nella storia del nostro paese.

Questa nuova vita di santa Rita, uscita dalla passione agostiniana di Padre Remo e di Natalino valorizza come fulcro naturale dell'esperienza della Santa degli Impossibili, proprio la terra umbra, visitata ancora oggi da milioni di devoti pellegrini e turisti curiosi. Forse per questo il libro, già nella sua preziosa impaginatura, fa volare di pagina in pagina delle api sbarazzine, ricordo di quella santità che scaturisce dall'alacrità cristiana che non demorde neanche di fronte alle più terribili tragedie umane.

Santa Rita viene così presentata nei suoi molteplici aspetti coi segni che le appartengono: rose, luce, spina e uva. Poveri segni, ma resi significativi dalla umile esistenza di una piccola e grande donna che si rispecchiò, fin da piccola, sul volto sereno e piagato del Crocifisso.

Mi sembra importante che già nella copertina, che incuriosisce sempre, chi acquista un libro, si presenti con chiarezza la qualifica della Santa: Monaca Agostiniana! Già, proprio figlia spirituale del grande sant'Agostino, da cui attinse il succo prezioso dell'amore e della comunità monastica.

Rita, nel libro di Padre Remo e di Natalino, viene presentata come immersa nell'ambiente agostiniano di Cascia, promotrice di quei valori della vita che ancora oggi cerchiamo di conquistare: serenità nelle difficoltà, pace nelle divisioni, consolazione nei mali che ci colpiscono.

Chi legge una vita di santa Rita, è inevitabile che vada subito a trovare un aiuto per trasformare la lettura in preghiera.

E il libro fornisce anche questo sussidio per aiutare il lettore ad unirsi a Dio e così sperimentare la forza della fede e la gioia della pace interiore.

Padre Franco Casagrande, agostiniano
Rettore della Basilica di Santa Rita in Cascia

Prima di inizare

Nell'anno 2004, dopo diversi anni di lavoro, usciva il libro: *Santa Rita da Cascia, il respiro del perdono*, edito dalla Casa Editrice Città Nuova - Roma. La presentazione di quel volume, che era nato per raccontare la vita, il messaggio e la spiritualità della Santa agostiniana, ha impegnato i due autori Remo Piccolomini e Natalino Monopoli in una fitta serie di conferenze. Durante quegli incontri con i fedeli, sono nate nuove riflessioni che, sulla scia della esperienza precedente, riprendendone il filo del discorso, hanno portato alla realizzazione di questo nuovo lavoro.

In primo luogo, in questa nuova opera, i due autori hanno voluto spiegare brevemente il significato dei segni della festa di santa Rita: la luce e le rose.Essi, dopo aver constatato, nelle varie comunità incontrate, la voglia di chiarezza su quali documenti si possiedano su Rita e come valutarli, hanno realizzato il secondo capitolo: "Fonti agiografiche".

Le conferenze erano di solito precedute dalla celebrazione della santa Messa in onore della Santa. Questo ha portato gli autori a scrivere un terzo capitolo, dove il lettore potesse cogliere gli elementi essenziali di quei testi sacri e come si possano riferire alla vita e al messaggio della Santa di Cascia.

Particolarmente interessanti in questo nuovo lavoro sono il quarto e quinto capitolo. Gli autori hanno voluto descrivere brevemente la realtà dell'Umbria, fornendone una lettura nell'ottica della "geografia della santità". Vi è infatti una breve ma proficua analisi della storia, della fede e dell'arte particolare di questa regione.

I cinque capitoli però non sono affatto accessori, ma propedeutici alla corretta conoscenza della vicenda umana di santa Rita, a cui è dedicato l'ampio capitolo sesto. Difatti, anche alla luce di quanto avrà letto prima, il lettore troverà che la storia della Santa appare qui delineata unendo le ricostruzioni storiche e le testimonianze fiorettistiche; ne viene così fuori un quadro ampiamente dettagliato, in grado di portare chi legge ad immergersi nel mondo e nel messaggio della piccola donna, dal 1371 sino ai giorni nostri. Il settimo capitolo è dedicato al messaggio di santa Rita per tutti noi. Essendo poi il testo pensato molto per gli innamorati di santa Rita, è stata realizzata una guida ai luoghi ritiani di Cascia (monastero e basilica) e di Roccaporena. "Perla" particolare dell'opera sono poi tre testi che sono stati riportati: uno come premessa e due in appendice.

La premessa che seguirà qui di seguito è la *Lettera apostolica* scritta dal papa Giovanni Paolo II su santa Rita nel 1981; in appendice invece sono riportati il testo dell'omelia del cardinale A. Sodano e dell'udienza del Pontefice, del 20 maggio 2000. Questi brani che vengono qui interamente riportati si sposano bene con l'intera opera scritta dagli autori; essi vengono proposti perché il lettore ne gusti la profondità delle riflessioni ed al termine dell'opera possa trarne profitto spirituale.

PASSIO

Premessa

Con la recente lettera, relativa alle celebrazioni tuttora in corso per il VI Centenario della nascita di Santa Rita da Cascia, Ella ha voluto rinnovarmi l'amabile invito, già manifestato nel marzo dello scorso anno, perché con una speciale visita o con altra iniziativa partecipassi di persona all'unanime coro di lodi che si leva nel mondo cristiano in onore di Colei, che il mio predecessore Leone XIII di v.m. chiamò "la perla preziosa dell'Umbria".

Tale richiesta, che so condivisa non solo dai figli delle diocesi, a Lei affidate, ma dall'innumerevole schiera dei devoti della Santa, si incontra con il mio vivo desiderio di non lasciar passare il presente "Anno Ritiano", senza che io ricordi ed esalti la sua mistica e tanto cara figura. Perciò, unendomi spiritualmente ai pellegrini che anche da terre lontane giungono in gran folla a Cascia, sono lieto di deporre un fiore di pietà e di venerazione sulla sua Tomba, nel ricordo degli insigni esempi delle sue alte virtù.

E sono anche grato alla Provvidenza divina per alcuni singolari collegamenti, che uniscono il presente Centenario ad altre ricorrenze altamente suggestive per chi sappia leggere nella giusta prospettiva le vicende della storia umana. Non dimentico, infatti, la visita da me compiuta a Norcia per celebrare, a quindici secoli dalla sua nascita, il grande patriarca del monachesimo occidentale San Benedetto. Né posso omettere la recente apertura del Centenario di San Francesco d'Assisi. Sono due figure, queste, a fianco delle quali l'umile Donna di Roccaporena si colloca come una sorella minore, quasi a comporre un "trittico ideale" di radiante santità, che attesta ed insieme sollecita ad approfondire, nel senso della coerenza, l'ininterrotto filone di grazia che solca la terra feconda dell'Umbria cristiana.

Ma non posso neppure tralasciare un'altra felice coincidenza, ravvisabile nel fatto che Rita viene al mondo un anno dopo la morte di Caterina da Siena, quasi a segnare una continuità non priva di meraviglioso spirituale significato.

È noto a tutti come l'itinerario terreno della Santa di Cascia si articoli in diversi stati di vita, cronologicamente successivi e - quel che più conta - disposti in un ordine ascendente, che segna le diverse fasi di sviluppo della sua vita d'unione con Dio. *Perché Rita è santa?* Non tanto per la fama dei prodigi che la devozione popolare attribuisce all'efficacia della sua intercessione presso Dio onnipotente, quanto per la stupefacente «normalità» dell'esistenza quotidiana, da lei vissuta prima come sposa e madre, poi come vedova ed infine come monaca agostiniana.

Era una sconosciuta giovinetta di codesta Terra, che nel calore dell'ambiente familiare aveva appreso l'abitudine alla tenera pietà verso il Creatore nella visione, che è già una lezione, del suggestivo scenario della catena appenninica. Dove fu allora la ragione della sua santità? E dove l'eroicità delle sue virtù? Vita tranquilla ed umbratile era la sua, senza il rilievo di avvenimenti esterni, allorché, contro le personali sue preferenze, abbracciò lo stato matrimoniale. Così divenne sposa, rivelandosi subito come vero angelo del focolare e svolgendo un'azione risolutiva nel trasformare il costume del coniuge. E fu anche madre, allietata dalla nascita di due figlioli, per i quali, dopo la proditoria uccisione del marito, tanto trepidò e sofferse, nel timore che nelle loro anime insorgesse fin l'ombra di un desiderio di vendetta contro gli assassini del padre. Da parte sua, li aveva generosamente perdonati, determinando anche la pacificazione delle famiglie.

Già vedova, rimase poco dopo priva dei figli, sicché, essendo libera da ogni vincolo terreno, decise di darsi tutta a Dio. Ma anche a questo riguardo soffrì prove e contraddizioni, finché poté realizzare l'ideale che le era arriso fin dalla prima giovinezza, consacrandosi al Signore nel monastero di Santa Maria Maddalena. L'umile esistenza, che qui trascorse per circa quarant'anni, fu del pari sconosciuta agli occhi del mondo ed aperta solo

La celletta della santa e il sarcofago solenne

all'intimità con Dio. Furono, quelli, anni di assidua contemplazione, anni di penitenze e di preghiere, che culminarono in quella piaga che le si stampò dolorosa sulla fronte. Appunto *questo segno della* spina, al di là della sofferenza fisica che le procurava, fu come il sigillo delle sue pene interiori, ma fu soprattutto la prova della sua diretta partecipazione alla Passione del Cristo, centrata - per così dire - in uno dei momenti più drammatici, quale fu quello della coronazione di spine nel pretorio di Pilato *(cf. Mt 27,29; Mc. 15,17; Gv 19,2.5)*.

È qui, pertanto, che bisogna ravvisare il vertice della sua mistica ascesa, qui la profondità di una sofferenza, che fu tale da determinare una traccia somatica esterna. E qui ancora si scopre un significativo punto di contatto tra i due figli dell'Umbria, Rita e Francesco. In realtà, quel che furono le stigmate per il Poverello, fu la spina per Rita: cioè un segno, quelle e questa, di diretta associazione alla Passione redentiva di Cristo Signore, coronato di pungenti spine dopo la cruenta flagellazione e, successivamente, trafitto dai chiodi e colpito dalla lancia sul Calvario. Tale associazione si stabilì in entrambi i Santi sulla comune base di quell'amore, che ha un'intrinseca forza unitiva, ed appunto per quella spina dolorosa la Santa delle rose divenne simbolo vivente di amorosa compartecipazione alle sofferenze del Salvatore. Ché la rosa dell'amore allora è fresca e olezzante, quando è associata alla spina dcl dolore! Così fu in Cristo, modello supremo; così fu in Francesco; così fu in Rita. Invero, anche Ella ha sofferto ed amato: ha amato Dio ed ha amato gli uomini; ha sofferto per amore di Dio ed ha sofferto a causa degli uomini.

Pertanto, il graduale succedersi dei vari stadi nel suo cammino terreno rivela in Lei una parallela crescita d'amore fino a quello stigma che, mentre dà la misura adeguata della sua elevazione, spiega al tempo stesso perché la sua dolce figura eserciti tanta attrattiva tra i fedeli, che ne celebrano il nome e ne esaltano il mirabile potere presso il trono di Dio.

Figlia spirituale di Sant'Agostino, Ella ne ha messo in pratica gli insegnamenti, pur senza averli letti nei libri. Colui che alle donne consacrate aveva tanto raccomandato di "seguire l'Agnello dovunque vada" e di "contemplare con gli occhi interiori le piaghe del Crocifisso, le cicatrici del Risorto, il sangue del Morente (...), tutto soppesando sulla bilancia della carità" (cf. *De sancta virginitate, 52,54,55;* P.L. *40,428),* fu ubbidito *ad litteram* da Rita che, specialmente nel quarantennio claustrale, dimostrò la continuità e la saldezza del contatto stabilito con la vittima divina del Golgota.

La lezione della Santa - giova precisare - si concentra su questi elementi tipici di spiritualità: l'offerta del perdono e l'accettazione della sofferenza, non già per una forma di passiva rassegnazione o come frutto di femminile debolezza, ma per la forza di quell'amore verso Cristo, che proprio nel ricordato episodio della coronazione ha subìto, con le altre umiliazioni, un'atroce parodia della sua regalità.

Alimentato da questa scena, che non senza motivo la tradizione della Chiesa ha inserito al centro dei "misteri dolorosi" del Santo Rosario, il misticismo ritiano si ricollega allo stesso ideale, vissuto in prima persona e non semplicemente enunciato, dall'Apostolo Paolo: *"Io porto le stigmate di Gesù nel mio corpo"* *(Gal 6,17)*; *"Sono lieto delle sofferenze che sopporto per voi e completo nella mia carne quello che manca ai patimenti di Cristo, a favore del suo corpo che è la Chiesa* *(Col 1,24)*. Anche questo ulteriore elemento occorre rilevare, cioè la destinazione ecclesiale dei meriti della Santa: segregata dal mondo ed intimamente associata al Cristo sofferente, Ella ha fatto rifluire nella comunità dei fratelli il frutto di questo suo "compatire".

Davvero Rita è ad un tempo la "donna forte" e la "vergine saggia", delle quali ci parla la Sacra Scrittura *(Prov. 31,10 ss.; Mt. 25,1 ss.)*, che in tutti gli stati di vita indica, e non già a parole, quale sia la via autentica alla santità come sequela fedele di Cristo fino alla croce. Per questo a tutti i suoi devoti, sparsi in ogni parte del mondo, ho desiderato riproporne la dolce e dolente figura con l'augurio che, ad essa ispirandosi, vogliano corrispondere - ciascuno nello stato di vita che gli è proprio - alla vocazione cristiana nelle sue esigenze di chiarezza, di testimonianza e di coraggio: *"Così risplenda la vostra luce davanti agli uomini"* (Mt 5,16).

A questo stesso scopo affido a Lei la presente Lettera che, nella luce del Centenario Ritiano, Ella vorrà portare a conoscenza dei fedeli con l'incoraggiamento e il conforto della Benedizione Apostolica.

Incendio di fede e profumo di rose

Incendio di fede

Ogni anno, il 21 e il 22 maggio, si celebra a Cascia la festa di santa Rita; i momenti della festa sono due: l'incendio di luci, segno della fede dei fedeli, la sera della vigilia e il profumo di rose, simbolo della preghiera, la mattina della festa.

L'incendio di fede, nel segno di migliaia di fiaccole, ricorda e rivive la notte del 21 maggio dcl 1447, quando, all'annunzio della morte di santa Rita, con il suono spontaneo delle campane, gli abitanti della cittadina umbra salirono verso il monastero delle monache di Santa Maria Maddalena per rendere omaggio alla loro concittadina.

La luce è il simbolo della fede. Santa Rita diventa "lampada", esce dal nascondimento, dall'ombra, per porsi in alto, sopra il monte ed illuminare il mondo.

Gesù si presenta come luce per tutti: "*Io sono la luce del mondo"*; anche ai discepoli ha detto: "*Voi siete il sale della terra e la luce del mondo"*, fino alla fine dei tempi, quando apparirà lui, "Sole di giustizia", e tutte le luci riflesse scompariranno. Santa Rita è dunque per noi la lampada che nella casa sta in alto per illuminare tutti, perché anche noi, seguendone l'esempio, possiamo essere testimoni di presenza luminosa per gli altri.

Profumo di rose

Il 22 maggio, festa di santa Rita, è anche il giorno delle rose e del loro profumo. C'è un Inno a santa Rita, composto da padre Atanasio Angelini, agostiniano di Cascia, tra i più grandi predicatori d'Italia del primo dopo guerra, musicato dal maestro Renzi, organista del santuario di San Nicola da Tolentino (Mc), che inizia così:

"Il profumo delle rose
Sale a te con la preghiera
Di chi soffre e di chi spera
Odi sempre il pio clamor".

Il significato di queste parole è biblico. La Bibbia è piena del diffondersi di odori, di fragranza e di aromi. Il Qoelet, per il quale tutto è vanità, dice: "*In ogni tempo...il profumo non manchi sul tuo capo*" *(9, 8)*. Gesù si lascia profumare i piedi dalla Maddalena e rimprovera il fariseo, che la criticava, con queste parole: "*Tu non hai cosparso il mio corpo di olio profumato, ma lei ha cosparso di profumo i miei piedi*" *(Lc 7, 36-50)*. Sant'Agostino, padre spirituale di santa Rita, più di qualche volta ricorre al profumo per indicare la sua ricerca di Dio che, come "odore", si espande e si respira, da inebriarsene, rammaricandosi per essere stato insensibile ad esso.

Chi è stato a Cascia il giorno della festa ricorderà la scena indimenticabile: il viale che si apre a partire dalla basilica fino in fondo è colmo di persone che agitano le rose, un mare di rose, simbolo delle loro preghiere: è il "grido del cuore" che sale a Dio come "profumo".

Rita, umile serva

Maria, dopo aver contemplato le bellezze che Dio ha operato in lei, in casa della cugina Elisabetta, anch'essa irrorata di grazia, canta il *Magnificat: "Perché ha guardato l'umiltà della sua serva, d'ora in poi tutte le generazioni mi chiameranno beata"*.

Rita è nata e vissuta a Roccaporena, poche case, chiuse da un cerchio di montagne, dove non si vede mai il sorgere e il tramontare del sole, nemmeno le cartine geografiche la indicano, tanto è insignificante. Eppure, di questa piccola donna di un borgo sperduto, il popolo ne percepisce il profumo e la chiama "santa".

Rita con la sua umanità umile, ma ricca e affascinante, ci ha proposto una santità della quotidianità della vita, per dirci che gli uomini, per esser santi, non hanno bisogno di fare cose grandi, ma di vivere la vita di ogni giorno come dono di Dio.

Ci sono santi che potremmo definire i giganti della santità, che hanno fatto nella loro santità una esperienza difficile da ripetere; sono troppo lontani dalla vita quotidiana per essere imitati; sono i geni, gli unici, i grandi mistici, come sant'Agostino, santa Teresa d'Avila, sant'Ignazio di Loiola ed altri. Essi però hanno generato figli spirituali che alla loro sequela hanno realizzato una santità più quotidiana e facile da imitare. A costoro dunque guarda il nostro bisogno di una santità alla nostra portata: un modello semplice che cammini al nostro fianco, per sostenerci nel momento della prova e guidarci a raggiungere la meta.

Santa Rita, santa del popolo

Rita è stata acclamata "santa" dal popolo subito dopo la morte, ma già in vita era considerata tale; la chiesa ufficializzò il tutto molto più tardi: la beatificò nel 1628, cento ottantuno anni dopo la morte, e la santificò solo nel 1900. Si ha l'impressione che il popolo l'abbia imposta e non ne siamo meravigliati più di tanto dato che è la chiesa stessa ad averci insegnato: Voce di popolo, voce di Dio (*Vox populi vox Dei)*.

D'altra parte ne abbiamo avuto di recente esperienza durante i funerali del papa Giovanni Paolo

II. Piazza San Pietro era gremita di popolo che gridava e innalzava striscioni: “Giovanni Paolo II, santo subito!”. E la risposta da parte del successore papa Bendetto XVI è stata quella di non attendere i cinque anni canonici per l’apertura del processo. Difatti il 28 giugno dello stesso anno, in S. Giovanni in Laterano, il card. Ruini ha aperto ufficialmente la causa di beatificazione. Il popolo dunque riesce ad abbreviare le lunghe tappe che, giustamente la chiesa esige, per proclamare la santità di un suo figlio o figlia.

Nelle pagine che seguiranno, mostreremo al lettore il cammino che Rita ha percorso, le difficoltà che ha incontrato, le sofferenze che ha patito, e la gioia incontenibile di unirsi a Cristo per realizzare nella sua persona il progetto che Dio aveva su di lei.

Oggi lei si propone come nostra guida; scopriamo anche noi il progetto che Dio ha disegnato per noi, lei ci starà vicino e, con la grazia di Dio, ci aiuterà a realizzarlo.

Epitaffio solenne sul sarcofago

Fonti agiografiche

Leggenda o storia?

Su santa Rita da Cascia sono state scritte circa trecento vite: alcune brevi, contenute e sobrie; altre ampie, con tante notizie, il più delle volte inventate, che spesso rasentano la leggenda.

Qualcuno ha anche detto che la vita di santa Rita è tutta una leggenda, ma non è assolutamente vero. I pochi documenti che abbiamo ci permettono difatti di ricostruire la figura di questa donna, umile e meravigliosa, che ha avuto, attraverso i secoli, il riconoscimento della sua santità da parte del mondo intero, cristiano e non. D'altra parte il cantico del *Magnificat* ci assicura che *tutte le generazioni invocheranno* con la parola *beata* coloro che avranno vissuto la loro vita ncl nascondimento e nell'umiltà*"(cfr Lc 1, 46);* Dio esalta gli umili e abbassa i superbi.

Dobbiamo però dire che la storia non è stata affatto generosa con la Santa di Cascia; non ci sono infatti notizie scritte a lei contemporanee da cui lo storico possa attingere. È un vero peccato perché avremmo potuto conoscere più a fondo l'umile e grande anima di questa donna che ha tanto sofferto, ma che, unendosi all'amore crocifisso di Gesù, ha saputo offrirci l'esempio di come la sofferenza possa essere vissuta nella speranza della risurrezione, trasformata, quindi, in gioiosa offerta a Dio.

Pur conoscendo la storia turbolenta dei tempi in cui Rita visse, ad esempio lo scisma della chiesa cattolica (1378-1417); lo sconvoglimento politico-sociale del comune di Cascia, rimane il fatto che di lei possediamo pochi documenti storici.

Per certi versi, il non ritrovare oggi qualcosa che attesti come le monache del monastero di S. Maria Maddalena, consorelle di Rita, abbiano pensato o meno a raccogliere qualche notizia su di lei, malgrado sia vissuta circa quaranta anni nel monastero, ci appare sconcertante. Questo fatto ci stupisce ancora di più per gli agostiniani del convento di sant'Agostino, stimati e dotti religiosi, con forti tradizioni religiose alle spalle, veri promotori della formazione nella fede e nella cultura. È probabile che i frati e le monache contemporanei abbiano pensato a tracciare una vita della loro consorella, considerata santa dal popolo già durante la sua esistenza, ma che tutto sia scomparso in seguito ai vari terremoti.

Sappiamo che i primi passi storici risalgono al 1457, allorché i miracoli, che Dio operava per intercessione della santa, cominciarono ad essere diligentemente registrati dai notai. Ma dove è andato a finire il primo *Codice dei miracoli*

(Codex miraculorum), redatto dal notaio Domenico di Angelo nel 1457?

Dinanzi a tali vuoti non possiamo che rammaricarci. Cerchiamo allora di capire qualche cosa in più, valutando le fonti in nostro possesso, di qualunque natura esse siano.

Cosa possediamo? Quali sono i documenti che ci parlano di Rita da Cascia?

1. Il primo documento che possediamo è la *cassa solenne*, costruita e dipinta nel 1457, che i devoti possono ammirare nelle loro visite al monastero quanto vogliono. La *cassa* è dipinta per intero, dentro e fuori. Nella parte frontale si ammirano tre figure: santa Maria Maddalena, Cristo e santa Rita. La parte spiovente del coperchio ci presenta santa Rita distesa sul letto di morte e, nel lato destro di chi guarda, si trova una scritta, che contiene in sintesi la vita della Santa. Molto importante è la data posta alla fine di questo testo: 1457, che, a dire degli specialisti, non è la data della morte di Rita, ma la data della fabbricazione e della pittura della *cassa*. Questo epitaffio solenne è un documento di notevole importanza storica, perchè ci permette di attestare storicamente l'esistenza di Rita e la sua stigmatizzazione.

2. Parallelamente alla cassa e all'epitaffio un

altro documento è il *Codice dei miracoli (Codex miraculorum del 1457)*. Erano pergamene sulle quali il notaio Domenico di Angelo aveva diligentemente registrato i miracoli che la Santa veniva compiendo, premettendo ad essi una breve vita. L'originale non esiste più, tuttavia vi è una parte copiata e inserita nel processo canonico del 1626.

3. Celebre è la biografia, scritta dall' agostiniano Agostino Cavallucci (1610), 163 anni dopo la morte della Santa di Cascia. Vi si raccolgono tutte le tradizioni popolari, create dai devoti lungo l'arco dei 163 anni; si tratta cioè di una vita fiorettistica.

Esistono poi gli *Atti del processo di beatificazione* di Rita del 1626.

Buona parte di questi ultimi documenti si trova riprodotta in *Documentazione Ritiana Antica* (D. R. A.), quattro volumi curati da p. Damaso Trapp agostiniano per conto del monastero di Santa Rita di Cascia nel 1968.

Nei nostri giorni il grande zelo e la dedizione di attenti studiosi hanno portato frutto alla ricerca. Intendiamo ricordare il grande e faticoso impegno di raccolta di tutti i documenti esistenti negli Archivi sulla vita di santa Rita e sugli agostiniani di V. Giorgetti, O. Sabatini, di S. Di Ludovico, *L'Ordine agostiniano a Cascia. Nuovi dati storici sulla vita di santa Rita e di altri illustri agostiniani,* Edizione Quattroemme, Perugia 2000.

In particolare, dopo questo lavoro, i dati storici della vita di santa Rita esistenti sono stati riassunti in Giorgetti - Sabatini, *Rita da Cascia - Tra storia e tradizione,* Ed. Edimand, Città di Castello 2002, che potremmo definire una breve enciclopedia storica sulla Santa.

Abbiamo ritenuto importante questa elencazione di documenti, apparentemente noiosa, ma utile per chi volesse approfondire e certificarsi di quanto, in breve, verremo dicendo, nella presente biografia.

Per concludere, i documenti storici su santa Rita che possediamo sono pochi, tuttavia essi sono densi di contenuto e ci permettono di ricostruirne la personalità di donna umile, sofferente, piena di speranza, con lo sguardo rivolto a Cristo Gesù, a cui si configurò, partecipando alle Sue sofferenze con la stigmata sulla fronte.

Ne deriva allora che scrivere sulla santa di Cascia grossi volumi diventa fuorviante perchè si rischia di confondere la storia con la leggenda, di non presentare il suo messaggio in modo autentico e genuino.

Noi ci atterremo alle notizie storiche che ci sono giunte, cercando di darne una lettura che possa dare il giusto valore alla storia e alla tradizione, evitando però che l'abbondanza e la fama dei miracoli ne oscuri la forza del messaggio *(Cfr. AGOSTINO TRAPÈ, Santa Rita e il suo messaggio, Edizioni Paoline, Roma 1983, p.8)*.

L'urna d'argento che custodisce i resti di santa Rita dal 1930

Il percorso della santità cristiana

La messa in onore di santa Rita da Cascia

Vogliamo iniziare questa biografia partendo dalle letture della Messa in onore di santa Rita.

Il santo è colui che incarna nella vita l'amore di Dio e del prossimo fino alla morte; santi, quindi, si diventa, non si nasce, e finché si è in vita, si può sempre venir meno; la santità è il frutto, il traguardo di un lungo e travagliato cammino di perseveranza.

I testi della Messa della Santa dovrebbero essere messi dopo la biografia, per attestare e celebrare le lodi di Dio in occasione della venerazione dei santi a noi cari. Noi invece preferiamo incominciare da essi, perché ci facciano da guida nella lettura di questa singolare vicenda umana.

La prima lettura è tratta dal libro dei *Proverbi (2, 1-15)* e raccomanda ai figli (Rita, come tutte le mamme, era molto sollecita ed impegnata ad educare i figli) di *"invocare e chiamare la saggezza"*. *"Allora, figlio mio, comprenderai l'equità e la giustizia, la rettitudine con tutte le vie del bene, perché la sapienza entrerà nel tuo cuore e la scienza delizierà il tuo animo. La riflessione ti custodirà e l'in-*

telligenza veglierà su di te, per salvarti dalla via del male, dall'uomo che parla propositi perversi...per camminare nelle vie delle tenebre; i cui sentieri sono tortuosi e le cui strade sono oblique".

Le seconda lettura è quella di san Paolo ai Romani *(12, 9-21)*. In questa lettura viene raccomandata la *carità* non finta, ma quella schietta per cui "*gli uni amano gli altri con affetto fraterno*". Allora, prosegue Paolo: "*Non siate pigri nello zelo; siate invece ferventi nello spirito, servite il Signore. Siate lieti nella speranza, forti nella tribolazione, perseveranti nella preghiera, solleciti per le necessità dei fratelli, premurosi nell'ospitalità. Benedite coloro che vi perseguitano... Rallegratevi con quelli che sono nella gioia, piangete con quelli che sono nel pianto... Non rendete a nessuno male per male... Se possibile, per quanto dipende da voi, vivete in pace con tutti. Non fatevi giustizia da voi stessi, ma lasciate fare all'ira divina...Non lasciarti vincere dal male, ma vinci conil bene il male".*

La terza lettura, il Vangelo, tratto da Giovanni *(15, 1-14)*, ci dice che, in tanto noi possiamo portare frutto, in quanto siamo uniti a Dio, a Cristo, come il tralcio è unito alla vite: "*Io sono la vite, voi i tralci. Chi rimane in me e io in lui, fa molto frutto, perché senza di me non potete far nulla. Chi non rimane in me viene gettato via come il tralcio e si secca, e poi lo raccolgono e lo gettano nel fuoco e lo bruciano...Rimanete nel mio amore. Se osserverete i miei comandamenti, rimarrete nel mio amore, come io ho osservato i comandamenti del Padre mio e rimango nel suo amore. Questo è il mio comandamento: che vi amiate gli uni gli altri, come io vi ho amati...Vi ho detto questo perché la mia gioia sia in voi e la vostra gioia sia piena. Nessuno ha un amore più grande di questo: dare la vita per i propri amici. Voi siete miei amici, se farete ciò che vi comando".*

In queste tre letture c'è il programma della vita

Beata Maria Teresa Fasce

di santità di Rita. La madre premurosa, che fa sue le parole del libro dei *Proverbi*, per invitare i figli a *chiamare, a ricercare, a invocare la Sapienza che è Dio,* la sola capace di "dar sapore" alla vita (questo è il significato di *sapienza)* e renderla gustosa per sé e per gli altri. È attraverso essa che i figli sono invitati a comprendere *l'equità, la giustizia, la rettitudine* e tenersi lontani *dalla via del male.*

Rita è cristiana integrale, che vive nella *carità* di Dio. Ella è *lieta nella speranza* e percorre con la chiesa il suo pellegrinaggio terreno con lo sguardo in avanti, nella speranza, appunto, dei beni futuri della Risurrezione. Ella procede "tra le persecuzioni del mondo e le consolazioni di Dio" (sant'Agostino), ma *cantando e camminando;* si *canta* per esprimere la gioia, si canta quando si è contenti, ma si canta anche perché il canto ha la forza di alleviare l'asperità del cammino.

San Paolo poi raccomanda ai cristiani di Roma di essere forti *nella tribolazione.* Rita lo è stata prima nell'offesa fatta alla sua famiglia con la morte violenta del marito e, non molto dopo, con la morte dei due figli. Solo chi ha fatto esperienza di simili situazioni sa cosa significhi perdere, in breve tempo, marito e figli. Rita ha attraversato momenti di disperazione, ma il Signore è stato il suo aiuto. Superato il momento di smarrimento, ha ripreso la strada maestra del perdono, come atto di amore e ha lavorato per riportare la pace nella famiglia di suo marito e nel monastero; solo dopo questa opera di pacificazione, Rita è stata accolta tra le monache di santa Maria Maddalena.

Perseveranti nella preghiera: senza la preghiera non si parla con Dio; pregare è parlare con Dio. Rita lo è stata di sicuro. Difatti la tradizione ci ha conservato un segno: lo Scoglio di Roccaporena che è diventato il luogo simbolo della preghiera. Una roccia in cima al monte, vicino al cielo, lontano da ogni rumore, meta di migliaia di devoti che salgono per chiedere, per ringraziare, per lodare Dio, generoso nei suoi santi. La preghiera poi ha trovato dentro il monastero il momento più alto, nella partecipazione reale alle sofferenze di Cristo, allorchè una spina della corona di spine di Gesù s'impresse sulla fronte di Rita. È il momento sublime dell'estasi, la massima espressione della preghiera di contemplazione.

San Paolo incalza: il cristiano deve essere *sollecito per le necessità dei fratelli.* La sollecitudine per gli altri è una delle caratteristiche dell'Ordine agostiniano. Sant'Agostino, padre spirituale dell'Ordine, aveva scelto di vivere nella ricerca della verità e nella preghiera. Il Signore lo chiamò prima al sacerdozio e poi all'episcopato; pertanto Agostino dovette cambiare proposito. Da quel momento, la sua vita cambiò orientamento e non fu più solo orientata all ricerca della verità, ma fu caratterizzata dall'*amore della verità* e dalla *necessità della carità.* In altre parole, Agostino ci insegna che il vero cristiano è colui che, dopo aver pregato, mette a frutto quanto ha detto a Dio, e aiuta i fratelli, nei quali vede Gesù. Il vero cristiano "contemplativo" è colui che vede i suoi fratelli con gli occhi che hanno visto Dio.

Avremo modo di vedere infatti come il monastero, al tempo di Rita, non viveva la clausura stretta come oggi, ma le monache alternavano la vita di preghiera con l'esercizio della carità verso le categorie deboli: vedove, orfani, poveri. La Santa dunque fece suoi gli insegnamenti del vescovo d'Ippona vivendo una vita di preghiera e vita attiva di aiuto agli altri. D'altra parte la *carità* è il riassunto di tutta la legge e tutti i profeti. Sono parole di Gesù.

Rita dunque potè operare in sintonia con il Vangelo perché si sentiva *tralcio* unito alla *vite*. Tralcio e vite sono un'unica pianta come il cristiano e Cristo. Il tralcio, distaccato dalla pianta, secca e muore per essere poi bruciato; la stessa cosa avviene per il cristiano: "*Chi rimane in me e io in lui, fa molto frutto, perché senza di me non potete far nulla*".

Di questa pianta, Cristo e Rita, che ha prodotto e produce frutti in abbondanza, si sono cibate e si cibano generazioni di fedeli, devoti numerosi, i quali vengono da ogni parte del mondo per lodare Dio, che attraverso i suoi santi, generosamente distribuisce i suoi doni nelle guarigioni spirituali e materiali.

Abbiamo delineato a grandi tratti i percorsi della santità di Rita alla luce dei testi sacri perchè possiamo farli nostri, se lo vogliamo.

Nei prossimi capitoli avremo modo di vedere più in dettaglio come questa santità ha preso corpo in Rita: figlia, sposa, madre, vedova e monaca agostiniana.

Beato Simone Fidati

L'Umbria

Ogni uomo è figlio del suo tempo e della sua terra, e santa Rita non fa eccezione a questa regola. Parlare di questa terra, l'Umbria, che ha dato i natali alla nostra Santa, significa mettere in evidenza caratteristiche che, in qualche maniera, hanno contribuito alla formazione di questa donna piccola nella statura, ma grande nella santità.

Nella considerazione comune, quando si nomina l'Umbria, si ripete: *Umbria verde, Umbria terra di santi.* L'accostamento non è casuale, ma realtà tipica di questa regione che unisce in armonia la natura e la religione. È sempre la luce di Dio che investe del suo splendore il creato, gli dona bellezza, lo trasfigura, portando così l'animo umano ad innalzarsi a Lui.

Umbria verde

L'Umbria, geograficamente, è una regione chiusa dalle Marche, dalla Toscana e dal Lazio. Una regione chiusa, che non si affaccia sul mare, ma aperta al cielo che la illumina per dare al suo verde tonalità ora intense, ora tenui, ora scure, ora chiare, ma sempre splendenti. L'Umbria è bellissima, come lo sono le altre regioni d'Italia, tuttavia è diversa, unica. Vediamone qualche tratto.

Il continuo rincorrersi di colline che digradano in vallate ampie, come quella che si estende tra Perugia e Spoleto, offre alla vista un paesaggio tipico. Esso vede creare da piccole città, raggruppamenti di case, poste sui pendii dei colli, suggestioni da presepio. E che dire degli uliveti, che abbelliscono il paesaggio con il loro verde argentato, e del verde brillante dei vigneti? Questo è "il cuore dell'Umbria"! È sufficiente fermarsi ad ammirare la vallata di Assisi che, attraversando la ridente cittadina di Spello, si prolunga nella valle del Clitunno, fino a Spoleto.

Suggestive sono anche le montagne come il Subasio sopra Assisi e i monti Sibillini, alle cui falde si trova la stretta valle di Norcia.

Il poeta latino Properzio (47 d.C.), nato ad Assisi, in una delle sue elegie, ci offre i tratti del tipico paesaggio umbro. Egli parla di Bevagna che descrive come avvolta da una nebbia sottile che, filtrando la luce del sole, ce la fa vedere come in trasparenza, creando un paesaggio suggestivo, surreale. E questo vale per l'intera vallata che da Perugia si estende fino a Spoleto. Per chi guarda tale vallata dall'alto di Assisi, continua il poeta, prova l'incanto di un panorama di incomparabile dolcezza, diffusa di una religiosità piena di nostalgia.

Sono poetici certi panorami che, pur essendo selvaggi, sono capaci di suscitare emozioni uniche. Un esempio e la *Piana di Castelluccio* dove la maestosità del Vettore, non toglie nulla all'incanto di un mare di fiori naturali di ogni colore, presenti nella spianata sottostante. Suggestiva è difatti la "fiorita", festa particolare che avviene nel mese di giugno, allorchè l'intera piana è un tappeto di diversi fiori colorati.

L'Umbria non ha grandi città dove tutto è anonimo, sconfinato fino al punto di perdere la dimensione umana, come Roma, Milano, Napoli. La sua realtà territoriale è invece a misura d'uomo, come si può constatare visitando: Perugia, Foligno, Spoleto, Gubbio, Todi, Città di Castello e tante altre. Queste città, non hanno proprio nulla da invidiare alle sorelle più grandi, perché in esse si trova tanta arte e altrettanta spiritualità, che le rende ricche di una ricchezza unica.

Umbria terra di santi

L'Umbria è terra di armonie e nulla è "*esclusivamente materiale*": è terra di santi; difatti costoro sono coloro che sono riusciti ad armonizzare l'umano con il divino. Nella loro persona si coglie non solo l'aspetto fisico, ma anche la santità, il divino, che da esso traspare. Ma c'è di più, anche ciò che essi toccano viene trasfigurato. Nel paesaggio umbro, questo lo si può leggere bene in san Francesco che si rivolgeva agli elementi naturali (l'acqua, il fuoco, e persino la morte) chiamandoli con i nomi di sorella e fratello, normalmente usati solo per gli esseri umani.

Ci dispiace che la ristrettezza dello spazio e del tempo in questa sede, non ci permetta di parlare di tutti i mistici e santi figli di questa terra; sono una schiera e tutti diffondono il loro profumo di santità che riempie l'intera regione. Ne nomineremo

Lo scoglio di Roccaporena

perciò solo alcuni, per farcene un'idea. Di qualcuno certamente avrai sentito parlare, di qualche altro no; sarà una buona occasione per conoscerne almeno il nome.

Incominciamo con *san Benedetto* di Norcia. Egli ci fa venire subito in mente il motto della sua *Regola*: "*ora et labora*" (prega e lavora), che ha riempito di sé i secoli, attraverso i monasteri benedettini, presenti in tutto il mondo. Quella Regola, quei monasteri hanno civilizzato i barbari e li hanno bloccati in parte nelle loro scorribande distruttive.

San Francesco di Bernardone d'Assisi, figlio di ricco mercante, abbandonò ogni ricchezza e lasciò cadere a terra tutti i suoi vestiti, perché da povero voleva seguire Gesù. Egli è un vero genio e poeta della santità. Povero, ma ricco di amore che brucia e purifica. Arse tanto d'amore da riceve sul monte dell'Averna le stigmate. Incominciò la sua avventura con Bernardo, Leone, Masseo e tanti altri, primo seme dell'Ordine francescano, perché andassero per il mondo ad infiammarlo di amore.

A san Francesco va unita *santa Chiara*, che, sorella nello spirito, lo segue e ne condivide il sogno dell'assoluta povertà e del contagio della carità. Anch'ella riunì intorno a sè altre consorelle, dando vita all'Ordine claustrale delle Clarisse, seguendo gli insegnamenti di Francesco.

C'è poi un'altra *santa Chiara*, questa volta di

Montefalco, ridente cittadina, chiamata la “ringhiera dell’Umbria”, perché da lassù si può vedere l’intera vallata da Perugia a Spoleto.

Ella fu una donna di alta spiritualità e teologa. Benchè non avesse mai studiato aveva il dono della scienza infusa, cioè era istruita da Dio stesso, tale da raccogliere intorno a sé tanti teologi, che a lei chiedevano spiegazioni. Fu scrutatrice di coscienze, guidò molti sulla strada della santità, scoprì anche la setta eretica del “libero spirito” e la fece condannare. Come grande mistica si pose al seguito del principe dei mistici, sant’Agostino, suo padre spirituale, alla cui Regola ispirò l’intera sua vita e quella della sua comunità. Ebbe stigmate speciali: portava i segni della Passione di Gesù nel suo cuore, come ripeteva spesso alle consorelle.

Un altro grande nome agostiniano, in compagnia di santa Chiara da Montefalco, ci sta proprio bene: il *beato Simone Fidati da Cascia*. Personalità affascinante, purtroppo meno nota e studiata della sua conterranea, santa Rita. Fra Simone fu brillante oratore e illuminato direttore di coscienze; scrisse opere a carattere religioso che ebbero lettori per secoli. La sua opera più famosa è la *Vita di Cristo*, ricavata dalla lettura dei Vangeli. Fra Simone scrisse oltre che nella lingua letteraria dell’epoca, il latino, anche in volgare; fu infatti un pioniere della lingua italiana insieme a Dante. Fu direttore spirituale di Taddeo Gaddi, il più apprezzato discepolo di Giotto. Fatto importante questo perché ci dimostra il carattere specifico della spiritualità umbra, che ha realizzato la fusione profonda tra la religione e l'umanità, espressa con l'arte.

Nativa di Torriglia, in provincia di Genova, ma casciana per adozione, è la *beata Maria Teresa Fasce:* badessa del monastero di santa Rita per ventisette anni. Donna di forte spiritualità e carattere. Ella ha contribuito nettamente a diffondere nel mondo il culto della consorella Rita.

Ricordiamo infine: la *beata Angela da Foligno, santa Margherita da Cortona, santa Veronica Giuliani di Città di Castello, santa Colomba da Rieti* ed altri/e ancora.

L'arte

Pare che l'Umbria abbia ricevuto una missione dall'alto, cioè, nonostante le lotte, le vendette, le guerre, non ha mai operato nette divisioni tra la politica e la fede religiosa. L'espressione artistica lo dimostra, specialmente nel secolo XV che è stato il più caratteristico per l'arte umbra. A dire il vero, già nell'età comunale, all'interno dei movimenti religiosi, degli Ordini mendicanti, si era affermata un'aria di rinnovamento, ma senza creare per questo divisioni; esso aveva investito anche il laicato, ma sempre con lo stesso scopo: mantenere l'unità, l'armonia. Orbene questo rinnovamento nell'unità armonica della società è stato ben espresso dall'arte sin da quel periodo.

Pertanto, nello scorrere dei secoli, l'arte in Umbria è stata sempre espressione di serenità contemplativa, di una tranquilla vita religiosa. Essa è riuscita a prendere l'umano, a trasfigurarlo, senza rinnegarlo, senza idolatrarlo.

L'arte ha avuto il potere di togliere la pesantezza alla materia, alle figure, alla scena ed offrirci, attraverso gli spazi, una tale luminosità da dare chiarezza e serenità; le figure ci appaiono come rapite nell'estasi contemplativa. Così è nella pittura del Pinturicchio e del Perugino.

L'Umbria ha dato i natali anche al teatro con la *Laude,* sacra rappresentazione a carattere popolare. Il personaggio più rappresentativo di tale espressione letteraria è Jacopone da Todi.

Concludendo, diciamo che l'Umbria è piccola come territorio, ma grande come bellezza naturale ed artistica; bellezza che diviene espressione di una profonda religiosità. Di essa abbiamo bisogno, oggi, dopo le delusioni della società, che ci ha prima soffocato con l'offerta della ricchezza, poi ci ha abbandonato, negandoci la possibilità di conquistarcela. Ed ecco che l'esempio dei Santi, in questo tempo di povertà spirituale, ci aiuta senz'altro a camminare nella speranza che il domani sia meglio dell'oggi. Loro, seguendo questo cammino, sono diventati santi e noi, con il loro aiuto, ci auguriamo di seguirli.

La Valnerina

La valle del fiume Nera

Santa Rita è nata in una delle valli più suggestive dell' Umbria: la Valnerina. Questa valle è stata nei secoli via di comunicazione tra il Tirreno e l'Adriatico e fu usata per millenni come strada di collegamento appenninico. I passi (forche) di Ancarano, delle Canapine, di Civita sono luoghi che poterono vantare insediamenti umani già in epoca preistorica, come attestano punte, lame e idoletti ivi rinvenuti.

I romani, con la loro espansione, organizzarono le città di *Nursia* (Norcia), *Cassia* (Cascia) ed il territorio circostante. Nel VI secolo d.c. , con la decadenza e la fine dell'impero romano, la Valnerina divenne sede di numerosi insediamenti eremitici, centri di bonifica spirituale, agricola e civile.

Secondo una leggenda, dopo la persecuzione dell'imperatore d'oriente Anastasio I (491-518), circa 300 siriani sarebbero emigrati qui da Antiochia e vi avrebbero trasferito le loro famiglie. Essi avrebbero seguito i precetti di san Basilio di Cappadocia; sarebbe nata così l'azione di Mauro e Felice nella valle del fiume Nera (da ciò Valnerina).

Storicamente certa è invece la presenza di Spes

e di Eutizio fondatori di monasteri della valle Castoriana. Più tardi, per la medesima valle, salì a ritroso la Regola di san Benedetto per trasformare alcuni eremi in splendide abbazie, che divennero importanti centri di ordinamento territoriale.

I longobardi trovarono in esse un punto di forza per la loro organizzazione politica, tanto che Faroaldo II (duca dal 703 al 720) fu il promotore del restauro delle abbazie di Farfa nella sabina e di Ferentillo.

Nel secolo X, dopo il passaggio dei saraceni che nell'890 invasero la Sabina e la valle del Nera, le montagne furono punteggiate di torri e di villaggi fortificati sedi di feudatari. Iniziò così un lungo periodo, durante il quale sorsero castelli, segno di forza e di potere, che proseguì fino al Quattrocento. Nella seconda metà del XII secolo il territorio, sottoposto alla giurisdizione del papato, vide sorgere i liberi comuni di Norcia e Cascia.

Cascia: un po' di storia per ambientarci

Sulle origini di Cascia ancora oggi restano tanti dubbi. Alcuni ritengono che la sua origine sia collocabile nel periodo repubblicano di Roma. Il nome *Cassia* appare la prima volta nel 553 d.c quando essa fu occupata da Narsete. Ad un primo centro abitato del X secolo fatto di ville, casali, privi di un sistema difensivo, si sostituì nel XII secolo una città fortificata, grazie all'azione di monaci ed abitanti, spinti da motivi non solo di difesa ma anche da ragioni socio-economiche.

L'insediamento urbano si sviluppò dal punto più alto del colle (ove ancora oggi restano tracce della Rocca e vi era la chiesa di San Giovanni Battista, tenuta dalla comunità agostiniana maschile, di cui parleremo più avanti) al punto più basso, seguendo una forma a semicerchio. L'accesso alla città era consentito da sette porte, mentre su tre lati: la gola del fiume Corno, il fosso di Cuccaro ed un fossato artificiale a nord- ovest, la proteggevano naturalmente.

La nascita del Comune avvenne, dopo una fase pre-comunale, nel 1198; da quel momento la città fu sempre in relazione col papato, mediante il ducato di Spoleto. Una relazione non certamente facile, data la voglia di controllare direttamente quel centro, da parte del papato, e la forte aspirazione alla autonomia del libero Comune. Ma non era solo il dominio papale che aveva mire su Cascia, ma anche quello imperiale, testimoniato dai tentativi di impossessarsene da parte di Federico II nel 1244. Papato ed impero diedero così vita a due opposte fazioni, oggi diremmo due partiti, Guelfi e Ghibellini.

Queste due forze agitavano la vita del Comune sfociando in scontri armati e spesso in stragi, uccisioni, incendi. Esse proseguirono per secoli e giunsero così a caratterizzare gli anni della santa, anche se a quel tempo guelfi e ghibellini non erano più difensori del papa e dell'imperatore, ma solo due fazioni in lotta per il possesso di Cascia.

Difatti la cittadella poteva vantare una solida e prospera economia articolata in vari strati sociali: nobili e aristocratici, benestanti artigiani e commercianti, piccoli contadini proprietari e salariati.

I primi due strati erano coloro che gestivano e si contendevano la cosa pubblica dietro il nome di guelfi e ghibellini, facendo leva sugli ultimi per le lotte per il potere del Comune.

È questo il terreno storico in cui Rita Lotti venne a trovarsi ed operare. E d'altra parte, a complicare ancora di più la situazione, non mancavano rivalità tra i ceti sociali per ragioni economiche, o di interesse, o per offese.

Proprio su queste ultime contese intervenivano i Pacieri, delegati dal Comune, come Antonio e Amata genitori di Rita.

Contrariamente a quanto si è pensato, i Pacieri non intervenivano dunque a sedare gli animi in contese politiche, ma a rappacificare persone o famiglie in lite perché non degenerassero in violenze e vendette di carattere politico.

Santa Rita agostiniana

I genitori di Rita: Antonio Lotti e Amata Ferri

Antonio Lotti prese in moglie Amata Ferri, originaria di Fogliano una frazione di Cascia. Entrambi erano di famiglia di discreta condizione economica. Essi si stabilirono dopo le nozze nella frazione a circa 6 km da Cascia: Roccaporena. Avevano una casa ed anche alcuni terreni che coltivavano in proprio o con l'aiuto di qualche bracciante loro amico. La loro condotta morale e cristiana era tanto stimata che l'autorità comunale aveva affidato a loro il compito di pacificare le contese.

I due sposi svolsero sicuramente con amore e dedizione questo dovere seguendo gli insegnamenti del Vangelo. Tuttavia una pena doveva affliggere le loro giornate: gli anni passavano, ma la loro casa non era stata allietata dalla nascita di un figlio. Una tradizione popolare ritiene che fossero già anziani, quando una notte Amata ebbe la visita di un Angelo, che le annunciava quanto i loro i sacrifici e preghiere erano stati graditi da Dio; il Signore ora premiava i suoi figli con il dono di una bambina a cui si doveva mettere il nome di *Margherita*.

È questo il primo fioretto della vita della nostra santa. Conviene qui spiegare, dato che adesso saranno parte integrante della narrazione, che si tratta di racconti legati alla devozione e forte amore popolare per la santa. Essi tendono, pur nella spettacolarità dei racconti, a confermare le virtù cristiane dei protagonisti, allo scopo di lasciarci un preciso messaggio perché ne possiamo fare tesoro. I fioretti sono fatti di cui non abbiamo documentazione storica, ma non è questo ciò che importa; ci basta solo sapere che non sono leggende, ma racconti abbelliti, che hanno lo scopo di mettere in evidenza le virtù e le azioni dei santi. I fioretti che l'amore dei devoti attribuisce loro, sono i fiorellini che abbelliscono sempre di più l'aureola della loro santità.

Ecco allora che il fioretto della nascita preannunziata ad anziani genitori, assume già il sapore di un forte amore verso la santa. Esso sta ad indicare come Dio soccorre coloro che sono nella prova e non cessa mai di ascoltare i suoi figli, costanti nella preghiera e nel servizio al prossimo. Tale era difatti la disposizione di Antonio e Amata.

Margherita Lotti nacque nel 1371 e morì nel 1447.

Per molti anni si è data la nascita al 1381 a causa di una errata valutazione della data di morte. Difatti a partire da uno dei suoi biografi del 1600, Tommaso de Herrera, si è erroneamente letto l'anno 1457, posto in calce alla scritta (epitaffio) del sarcofago solenne, primo documento storico che possediamo sulla Santa, come la data di morte.

In verità, gli studi attenti ed incrociati delle altre biografie e le analisi stilistiche del testo, hanno confermato che l'anno posto al termine della scritta, sullo spiovente a destra del sarcofago, è l'anno della realizzazione della cassa e dell'iscrizione. Tra l'altro in quell'anno venne realizzato sia il sarcofago, dopo che un incendio nella cappellina aveva messo a repentaglio la prima cassa col corpo della santa, sia venne iniziato anche il *codex miraculorum*, cioè la raccolta scritta dei miracoli attribuiti all'intercessione della santa.

Evidentemente se si è avvertita quest' ultima esigenza a dieci anni dalla morte di Rita, si è avvertita anche quella di illustrarne, sulla cassa che si stava facendo, poeticamente e sinteticamente la vicenda umana e spirituale con l'epitaffio.

Comunque sia tutte le fonti concordano nel dire che la santa visse settantasei anni, quindi facendo un rapido conto, se la morte è avvenuta nel 1447, la nascita è avvenuta nel 1371. Ci auguriamo che tenendo conto delle notevoli conferme, che vengono anche da altre ricerche compiute in tale direzione, si provveda a correggere le due date canonicamente riconosciute (1381-1457), allo scopo di evitare altre confusioni. Il lettore comunque sappia per certo che noi seguiremo questa cronologia:

1371-1447.

Genitori attenti e premurosi, Amata e Antonio, non mancarono di portare la loro piccola figlioletta al fonte battesimale. Secondo la tradizione la bimba sarebbe stata battezzata in S. Maria della Pieve di Cascia. Tuttavia in quel periodo la chiesa era fuori delle mura civiche, mentre in pieno nucleo cittadino vi era un'altra chiesa dedicata a S. Giovanni Battista. Era lì dunque che si trovava il fonte battesimale e d'altra parte il nome della chiesa non doveva essere casuale. Infatti, alcuni studiosi, frugando negli archivi, hanno trovato un documento dove si attesta che, in quel tempo, i battesimi venivano impartiti solo nelle chiese o nelle cappelle dedicate a S. Giovanni Battista. Orbene, la attuale chiesa di S. Agostino, di recente restaurata, sita in cima alla Rocca di Cascia, porta ancora le tracce di una originaria chiesa dedicata al Battista, presente all'epoca della santa; Rita, quindi, venne battezzata in questa chiesa, retta dai frati agostiniani.

Era quello un giorno importante: Rita entrava a far parte della chiesa di Dio, con il sacramento del battesimo, impartito in una chiesa agostiniana. Le vie del Signore sono infinite e questo era il primo contatto con quella che poi sarebbe diventata la sua famiglia religiosa.

I fioretti, tratti dal breve racconto delle monache datato 1628, narrano: *"Nacque, dunque, la santa donna, da genitori poveri ma devoti. Il quin-*

to dì dopo la nascita, mentre ella con ogni quiete posava dentro la culla, furono vedute alcune api bianche uscirle dalla bocca più volte, e più volte tornarvi. Prodigio osservato allora con molta ammirazione, ma oscurato poi da meraviglie maggiori operate dalla serva di Dio". Nella foga di cacciarle via un amico di famiglia pare si ferisse col falcetto, ma incurante di sé si precipitasse a salvare la bimba; le api allora si posarono sulla ferità che miracolosamente guarì.

Ora è chiaro che episodi come questo non vanno letti nell'ottica di una predestinazione alla santità. Rita non è nata santa, ma ha "costruito" la sua santità vivendo, nella vita di ogni giorno, la semplicità del Vangelo. I fioretti si devono invece leggere, come già detto, come attestazione di culto e devozione nei secoli, che talvolta cela eventi e/o messaggi precisi. Le api che volano intorno a Rita nella culla sono perciò un segno della dolcezza, delicatezza di cui si rivestirà Rita nel corso della sua vita, nonché del suo amore per il Creatore ed il creato. Oggi visitando il chiostro del monastero, sulla parete a sinistra si possono vedere dei fori: le cellette delle api murarie, dette le "api di santa Rita".

Fioretto delle api

Una ragazza come le altre

Non sappiamo molto della fase della infanzia, della fanciullezza e dell'adolescenza di Rita, tuttavia non per questo bisogna immaginarsi cose tanto diverse dalle altre coetanee. Antonio e Amata, proprio per la loro posizione di pacieri, sicuramente sapevano bene quale importanza dovesse avere la formazione culturale: leggere e scrivere. Ecco allora che la piccola Rita imparò a farlo. Non è un caso perciò che in certa iconografia sia rappresentata con il libro in mano.

Probabilmente le basi della formazione scolastica e religiosa le vennero dai genitori, ma più sicuramente dagli agostiniani di Cascia. Difatti quando Rita Lotti venne al mondo, le comunità agostiniane di Cascia erano tre: quella maschile di sant'Agostino e le due femminili di santa Maria Maddalena e di santa Lucia, entrambe sotto la giurisdizione del priore generale dell'Ordine agostiniano.

Di queste tre il convento maschile, sito in cima al colle, godeva del più alto prestigio nella comunità civile di Cascia, non solo perché era uno dei più antichi insediamenti religiosi, ma anche perché era centro di formazione umana e religiosa; fu forse questo a portare la piccola a legarsi al mondo agostiniano e ai suoi santi: Agostino, Giovanni Battista, Nicola da Tolentino che all'epoca della fanciullezza di Rita non era ancora canonizzato, ma in grande fama di santità.

Certamente il fascino di sant'Agostino, la sua Regola ed il suo carisma, non dovettero passare indifferenti, ma rimasero come semi che sarebbero poi germogliati al momento opportuno.

Man mano che l'età avanzava e i genitori diventavano sempre più anziani, Rita da brava figlia finì per affiancarli in tutte le attività in casa e nei campi, prima aiutandoli e poi sostituendoli nelle mansioni più delicate e pesanti. D'altra parte la vita della famiglia Lotti seguiva quella di tante altre famiglie contadine timorate di Dio.

Una vita semplice fatta di amore, lavoro e preghiera, e basta andare coi ricordi agli anni quaranta e cinquanta del secolo trascorso per ritrovare tante famiglie che vivevano la giornata in quel modo.

Rita insomma era una fanciulla normale, obbediente, di indole dolce e caritatevole, dedita al lavoro in casa e nei campi, puntuale nella lettura dei testi sacri.

Dagli anziani genitori aveva imparato a fare del Vangelo di pace la sua stella polare. Ella difatti dovette anche condividere con loro ben presto la missione di pacieri; attività questa che contrassegnerà personalmente la sua vicenda umana dopo le nozze.

Se dunque difficilmente possiamo scindere la formazione familiare della santa dalla vocazione al Vangelo di amore e fratellanza, possiamo allora delinearla come una giovinetta attivamente inserita nella sua realtà storica, nella sua famiglia, vivendo la parola di Cristo quotidianamente in ogni azione. Questo però non va a cancellare il fascino di mistici raccoglimenti, di solitarie preghiere sulla roccia dello Schioppo o Scoglio, che la tradizione popolare le attribuisce, ma a renderli più veritieri e più adeguati e collegati ad una vita attiva. Il totale isolamento e distacco dalla realtà sociale non caratterizzerà mai la vita di Rita, neanche quando entrerà in monastero. Se dovessimo pensarla fuori dalla realtà non potremmo cogliere a fondo la sua vicenda, il suo messaggio, la sua grandezza.

Fede nuziale di santa Rita

Vocazione matrimoniale

Alla luce di quanto abbiamo allora appena avuto modo di dire è più facile capire e spiegare come andarono realmente le cose sulla scelta del matrimonio.

Il breve racconto fiorettistico narra: "*Trascorsa la fanciullezza con singolare innocenza e purità, tutta dedita all'orazione e alla pietà, entrò in grandissimo desiderio di congiungersi strettamente con Dio, rinunziando alle sollecitudini del mondo, per godere anche nella presente vita le delizie celesti. Allora s'ingegnò d'ottenere licenza dai suoi parenti di consacrarsi alla sua Divina Maestà in stato verginale, ma non l'ottenne e fu da loro costretta a maritarsi.*"

Per tanto tempo questo è quello che la devozione popolare ha presentato, volendo indicare di Rita la virtù dell'obbedienza, dell'amore di Dio e del prossimo; ha insistito nel descriverla come una vittima sacrificale per un matrimonio forzato. Orbene facendo mente locale a quanto si è detto finora ci risulta alquanto improbabile che Antonio e Amata usassero tale violenza nei confronti della figlia, per tanti motivi.

Innanzi tutto se è vero che volevano saperla al sicuro, sentendosi ormai prossimi alla morte, l'ingresso in monastero sarebbe stata la scelta più naturale, sia per i profondi principi religiosi dei due coniugi, sia per la sicurezza ed il prestigio che la cosa manifestava. Entrare in monastero era, in quell'epoca, un onore, tanto che, paradossalmente, le famiglie nobili vi costringevano figli maschi e femmine secondogeniti.

Vi è poi chi sostiene che furono quasi costretti a maritarla perché impauriti dal violento pretendente ghibellino: Paolo di Ferdinando di Mancino. Tuttavia genitori buoni, pacifici, religiosi, non avrebbero mai abbandonato la propria figlia in una tale situazione, anche a costo di pagare in prima persona. Quale genitore che ami i propri figli farebbe un'azione del genere con la propria unica figlia, a lungo attesa? Probabilmente nessuno che fosse degli stessi principi dei Lotti.

E allora è più plausibile, come abbiamo più volte detto, che Rita fosse una fanciulla come tante altre e, giunta all'età da marito, non disdegnasse di seguire la vocazione matrimoniale. D'altra parte i suoi genitori, i quali l'avevano educata ed allevata con amore, le avevano anche mostrato come si potesse amare Dio nella vita famigliare: comprendendosi reciprocamente, lavorando e pregando insieme, educando i figli alla sequela del Vangelo. Essere coniugi non voleva dire essere lontani dalla vita spirituale, Rita lo avrà capito bene e come per tante ragazze sarà sbocciato per lei l'amore ed il desiderio di una famiglia.

Possiamo perciò concludere che Rita fosse una ragazza buona, ubbidiente, religiosa, ma pur sempre una fanciulla comune che non disdegnasse di seguire la via del matrimonio, ed i genitori ce la indirizzarono.

Paolo di Mancino

Chi era allora questo giovane che si innamorò di lei e di cui ella ricambiò consapevolmente l'amore? Paolo di Ferdinando di Mancino

Continua il breve racconto: *"S'avvenne in un marito di costumi molto aspri, perché non le mancasse in casa un continuo esercizio di religiosa tolleranza, ma Rita con la sua piacevolezza superò la contumacia del marito e per 18 anni visse con lui in buona e da tutti ammirata concordia"*.

Anche questo passo deve ampiamente essere riletto oggi, per dare giusto spessore alla santità di Rita.

Per tanto tempo la tradizione ha descritto Paolo come un uomo violento, manesco, crudele, insensibile, lontano da ogni timore di Dio. Un lupo famelico che metteva alla prova il povero agnello.

I motivi che hanno indotto a dare questa interpretazione sono tre: il primo è legato alla errata lettura dell'epitaffio solenne ove si era letto, a causa della scarsa leggibilità precedente al restauro, *"in quella paxion de maritu feroce"* in luogo di *"in quella paxion tantu feroce*. Infatti nel testo non si parla del marito, ma delle sofferenze di Rita che sono ben poca cosa in confronto a quelle *ben più atroci (tantu feroce)* di Cristo.

In secondo luogo il fatto che Paolo fosse un ghibellino, inteso come anticlericale violento, va oggi riconsiderato. Si deve infatti ricordare quanto già detto di sopra, che al tempo di Rita le lotte tra guelfi e ghibellini avvenivano solo per il possesso politico del Comune. Paolo era dunque appartenente ad una fazione politica che agiva negli stessi modi dell'altra, servendosi entrambe a volte della forza e della violenza.

Pertanto non è opportuno vedere un carico di eccessiva o inaudita violenza da parte del giovane marito della santa, ma una condotta simile ad altri, calata nel suo tempo: ben disposta ma risentita. In breve, egli era uomo del suo tempo con pregi e difetti come tanti altri, in un mondo dove la violenza prevaleva sulla pace.

Ma allora si dovrebbe vanificare l'azione della buona moglie? No di certo!

Se la tradizione fiorettistica ha voluto far risaltare le virtù della mansuetudine, della pazienza, e della sofferenza della santa, parlandoci di un marito violento, tuttavia il nostro rileggere la realtà coniugale intende mostrare come tali virtù possano ben conciliarsi con un'altra immagine di Rita che, pur non essendo necessariamente un agnello nelle grinfie di un lupo, acquisisce ancora più grandezza. Vogliamo cioè dire che la sua santità risulta ancora una volta più bella e più grande, se la leggiamo nella normalità e semplicità di vita.

Rita non "ammansì" Paolo, ma lo aiutò a vivere con una condotta più autenticamente cristiana. Ella cercò di capirlo, prima ancora di pretendere d'essere capita; scovò i semi nel cuore del coniuge e li innaffiò dell'amore di Dio e del prossimo facendoli pian piano fiorire.

Per fare ciò dovette mostrarsi dolce ma forte allo stesso tempo; costante, perché il cambiamento di Paolo non avvenne dalla mattina alla sera. Eppure alla fine ella riuscì a portare il marito dalla via dell'odio e della violenza al Vangelo di perdono e pace a cui lei, figlia di pacieri cristiani, era stata educata fin dalla tenera età.

Possiamo ricostruire per sommi capi come e quando i due giovani si unirono in matrimonio. Secondo alcuni le nozze sarebbero avvenute in un clima molto sobrio intorno ai quattordici anni nel 1385, secondo altri invece sarebbero avvenute verso i diciassette anni della sposa nel 1388. Comunque sia la differenza di tempo è minima

Il rito sarebbe avvenuto in due momenti. Ci sarebbe stato un primo momento nell'abitazione dei Lotti, relativo alla parte contrattuale. Dopo aver definito la suddetta parte relativa ai beni dei coniugi, fece seguito il rito religioso nella chiesa di San Montano, poco più in là della casa natia di Rita. Rita e Paolo si scambiarono gli anelli a forma di mani intrecciate, come si vede dalla preziosa reliquia conservata nel monastero di Cascia. È pensabile che la nostra sposa avesse un abito sobrio, ma pur sempre raffinato nella sua delicatezza; d'altra parte era per lei un giorno importante come per le altre sue compagne.

Non vi fu quello che noi chiamiamo "pranzo", ma furono offerte paste e vino. Lo sposo poi tornò a casa senza la coniuge e, quando ella fu pronta, mandò un gruppo di amici a prenderla. Rita si trasferì allora temporaneamente nella *domuncola (Si tratta dell'attuale casa maritale trasformata in chiesetta dal cardinale Poli nel 1630, in **AAS** cioè Archivio Arcivescovile di Spoleto, Processi Antichi, c. 97v-99r),* di proprietà del marito, situata nei pressi dello scoglio. Seguì un banchetto con i consanguinei del marito. La settimana dopo ci fu un altro convito nella casa dei Lotti con il piccolo contributo di Paolo *(Statuti di Cascia, Libro III Rubrica 16)*. Era nata così una nuova famigliola a Roccaporena.

Il lungo cammino dei diciotto anni di matrimonio, non fu soltanto caratterizzato dalla conversione di Paolo, illuminato, come il santo omonimo lungo la sua personale via di Damasco, dalla pia ed energica moglie, ma anche dalla nascita di due figli, che la tradizione ritiene siano stati gemelli: Giangiacomo e Paolo Maria.

Con la nascita dei due figli la famiglia di Mancino aveva di sicuro bisogno di più spazio, di una stabilità economica e di una serenità maggiore. Fu così che, ormai condotto ad una vita timorata di Dio, Paolo portò i suoi cari a vivere all'uscita della valle di Roccaporena, ove vi era un mulino di suo proprietà.

Al piano superiore vi erano le camere, al piano inferiore gli ambienti del lavoro. Qui la vita di Paolo potè indirizzarsi ad una attività più redditizia, più serena, attenta alla famiglia. Si potè sancire quello per cui Rita aveva lavorato con l'amore e l'esempio: un marito *"uomo nuovo in Cristo"*.

Il mulinaccio dove venne ucciso il marito di santa Rita

Vedova e madre di perdono

Mentre gli anni trascorrevano sereni, la tempesta sembrava passata, Giangiacomo e Paolo Maria erano divenuti ragazzi vispi e laboriosi come il papà, teneri ed energici come la mamma, accadde la tragedia: Paolo venne assassinato.

Lo spazio di tempo a cui si può arrivare per datare la morte di Paolo, calcolando i dati sicuri sin ora accennati, è tra il 1403 e 1406. Difatti datando la nascita di Rita al 1371, le nozze a quattordici anni nel 1385, 18 anni di vita matrimoniale, potremmo datare la morte di Paolo intorno al 1403. Se invece fissiamo la nascita al 1371, le nozze a 17 anni nel 1388, diciotto anni di vita matrimoniale, Rita sarebbe rimasta vedova intorno al 1406. Vi è chi oscilla di due anni perché colloca la data di nascita della Santa tra il 1370 e il 1371, le nozze nel 1387/1388, diciassette/diciotto anni di matrimonio, e la morte di Paolo 1404/1405.

Comunque sia questo lasso di tempo così breve e apparentemente irrilevante, potrebbe invece confermare l'ipotesi di un omicidio a sfondo politico. Difatti nel 1401 vi era stata una rivolta tra guelfi e ghibellini.

Paolo sicuramente ne sarà stato chiamato in causa come ghibellino ma, ormai aveva perso il suo credo politico, esasperato dall'odio, e ciò può aver provocato o la reazione della sua fazione, che lo considerava, dopo la conversione, un traditore ed una potenziale spia pericolosa, oppure, essendo diventato vulnerabile, la vendetta dei suoi ex nemici.

Di solito si è ritenuto che l'omicidio fosse avvenuto nei pressi di Collegiacone, villaggio situato sopra Roccaporena. Tuttavia è probabile che il povero di Mancino venne freddato nei pressi del *Mulinaccio,* ove si era trasferito con la sua famiglia; quel posto da allora è stato così denominato dalla tradizione perché ritenuto il luogo della morte di Paolo. Stando così le cose ecco che si potrebbe spiegare come Rita abbia potuto riconoscere l'omicida o gli omicidi e si fosse affrettata a nascondere la camicia insanguinata del marito, per non farla vedere ai figli. Se ella in quel momento fosse stata a Roccaporena o il delitto fosse avvenuto a Collegiacone, non avrebbe potuto affrettarsi a nascondere gli indumenti del marito, né avrebbe potuto riconoscere l'identità dell'assassino o degli assassini.

Ella forse sentì il rumore della lotta e le urla, si affacciò, vide l'omicida, corse in soccorso a Paolo, ma non le restò che constatarne la morte e affrettarsi a nascondere la camicia insanguinata, perché i figli, vedendola, non venissero stimolati alla vendetta. Rita avrebbe voluto nascondere ogni indizio del delitto per non innescare la spirale di vendetta, ma non ci riuscì. Da una parte la faida (vendetta privata) verso i presunti colpevoli cominciò a provocare lutti e dolori, dall'altra la famiglia di Mancino, iniziò a perseguitare la povera vedova perché rivelasse o confermasse, ella che lo sapeva, il nome dell'autore (o degli autori, uno o più non è dato sapere) del delitto; Rita invece perdonò di cuore chi le aveva procurato tanto dolore, tacendo la verità.

Rimasta vedova con due giovani figli a carico, Rita abbandonò il mulino per tornare alla *domuncola*, cioè alla piccola casa all'ingresso di Roccaporena, con i suoi figli.

Santa Rita insegna ai suoi figli il perdono

Chiusa nel suo perdono, un timore ancora più grande la affliggeva: che i suoi Giangiacomo e Paolo Maria potessero diventare anch'essi vittime o protagonisti di quella spirale di odio che s'era innescata. Chiunque avesse ucciso Paolo, avrebbe potuto cercare di eliminarli per evitarne ritorsioni, oppure gli stessi ragazzi, a cui la madre non era riuscita a nascondere la vera natura della scomparsa del padre, avrebbero commesso delitti e sarebbero andati incontro ad un triste destino fisico e spirituale. Si spiegano così le ardenti preghiere della povera vedova a Dio perché i figli non si macchiassero di tali atrocità e restassero fuori dalla spirale dell'odio.

E il Signore misericordioso li portò presto con Sé, perché il male della vendetta non macchiasse la loro mente e il loro cuore.

Santa Rita introdotta nel monastero delle agostiniane di Cascia dai suoi Patroni: san Giovanni Battista, sant'Agostino e san Nicola da Tolentino

Fascino del carisma Agostiniano

Certamente i lutti che avevano colpito Rita non dovevano essere passati indifferenti. Lo strazio della perdita del marito, che tanto faticosamente aveva aiutato a cambiare, fu accresciuto dalla scomparsa dei figli Giangiacomo e Paolo Maria. Nell'arco di breve tempo tutto ciò per cui la pia donna aveva lavorato e vissuto era stato cancellato dal mondo.

Non sappiamo come il dolore abbia caratterizzato quei momenti. Certamente ora ella era rimasta sola: i genitori erano morti, la famiglia di Paolo la considerava una moglie indegna perché si era rifiutata di rivelare i nomi dell'assassino o degli assassini del marito; la solitudine poi accrebbe a dismisura il dolore tale da rasentare la disperazione.

Rita, donna del perdono, con l'aiuto di Dio, seppe trovare la forza per superare il momento di smarrimento con la preghiera al Padre di ogni consolazione. La tradizione colloca in questo momento della sua vita le continue preghiere sulla roccia dello Scoglio ove le sembrava di essere più vicina a Dio.

Man mano che i giorni passavano, Rita comprese che adesso la sua strada era di consacrarsi al Signore nel monastero agostiniano di S. Maria Maddalena a Cascia.

Per anni aveva avuto modo di conoscere i figli e

le figlie di sant' Agostino, il loro carisma, la loro vita comunitaria l'aveva affascinata e guidata pur avendo scelto inizialmente la vita matrimoniale. D'altra parte anche chi attesta la voglia di monacarsi prima delle nozze non fa che risaltare il grande legame con questa famiglia religiosa. In breve, la scelta del monastero di S. Maria Maddalena le parve la più sentita e idonea.

Abbiamo parlato del fascino del carisma agostiniano, conviene perciò spiegare al lettore cosa esso sia, perché possa capire più a fondo la scelta della Santa.

Ciascun Ordine o Congregazione religiosa, oltre ai voti di povertà, castità e obbedienza, ha anche un suo proprio stile nel seguire Gesù povero, obbediente e casto. Questo modo proprio di seguire il Maestro si chiama "*carisma*", che è il segno di riconoscimento di un Ordine religioso, come il distintivo di appartenenza. Agostino d'Ippona, vissuto tra il secolo IV e il secolo V, ha scritto per i suoi monaci, verso gli anni 400, una *Regola*, che possiamo definire il frutto più maturo del suo pensiero. Questa *Regola* è il mezzo per realizzare l'idea fondamentale, il "carisma", appunto.

Il "carisma" dell'Ordine agostiniano ci viene indicato all'inizio della *Regola* dove troviamo scritto: "*Il motivo essenziale per cui vi siete riuniti insieme è che viviate unanimi nella casa e abbiate* una sola anima e un solo cuore *protesi verso*

Dio" (Regola n.3). La primitiva comunità apostolica, nata dalla Risurrezione e dalla Pentecoste, viveva insieme, metteva insieme quanto aveva per distribuirlo a chi ne avesse avuto bisogno, pregava insieme, ed era una sola comunità; questo era l'esempio che Agostino voleva che i suoi monaci avessero sempre davanti ai loro occhi. Era l'ideale che avrebbero sempre dovuto tener presente, a cui dovevano accostarsi sempre più.

I frati di sant'Agostino possono offrire il servizio di essere *comunità di uomini che vivono insieme in amicizia*, e *comunità di religiosi che insieme ricercano* Dio e l'uomo *e maturano nella fede.*

Da queste note appare chiaro che tre sono le caratteristiche della comunità agostiniana: *unità d'intenti e di ideali, la vita comune, il rispetto della dignità della persona umana.*

L'impegno apostolico dei frati agostiniani viene esercitato alla luce di queste tre note; da esse ricevono senso ed efficacia la catechesi costante fatta al popolo e la predicazione del Regno di Dio.

Unità d'intenti e di ideali: lo scopo della vita cristiana è quello di raggiungere la perfezione; lo ha detto Gesù: "*Siate perfetti come è perfetto il vostro Padre che è nei cieli*". Questo ideale si raggiunge con il contributo di tutti i membri della comunità.

La vita comune: per il raggiungimento di questa finalità, i membri della comunità devono condividere tutto: i beni materiali, i beni spirituali, l'intelligenza, il cuore.

Il rispetto della persona umana: la persona umana, essendo valore primario, è la garanzia di ogni giustizia. Secondo il pensiero di sant'Agostino, i disagi, le preoccupazioni, le lotte, le violenza, le guerre, hanno un unico movente: la mancanza di rispetto dei diritti umani, cioè della dignità della persona umana. "*Che cosa sono gli Stati senza la giustizia? Non sono altro che un'associazione a delinquere",* così troviamo scritto nel libro IV

Il misterioso ingresso di santa Rita in monastero

della *La Città di Dio*.

Vogliamo ancora precisare che per sant'Agostino, la famiglia religiosa, come la famiglia naturale, sono "piccole chiese"; perciò la Chiesa diventa il fondamento dottrinale di tutti coloro che vivono insieme, uniti dalla forza dell'amore, che, insieme alla Chiesa, camminano nella speranza verso la Patria e verso l'Unità, cioè verso il Cielo.

Alla luce di quanto si è appena detto appaiono perciò più chiare le basi della vocazione monastica di Rita.

Santa Rita veste l'abito di religiosa agostiniana

Ingresso in monastero

Ma le cose non erano così facili; d'altra parte si sa che l'uomo propone ma Dio dispone. Rita aveva fatto richiesta di entrare in monastero, ma la richiesta non venne accolta. Perché? Che impedimento c'era?

Così si legge nel breve racconto: *"Andatasene perciò a Cascia, bramosa di sottrarsi al diluvio del mondo e volarsene a riposar nell'arca, richiese con grande umiltà e fervore, d'essere vestita monaca nel monastero di Santa Maria Maddalena, sotto la Regola del glorioso Padre sant'Agostino. Si congregarono le monache per deliberare intorno a ciò ed essendosi nel loro Capitolo posto il partito più d'una volta, sempre la fervente donna, con tutti i voti conformi, fu esclusa: perché, essendo usanza del monastero che si ricevessero le sole vergini non potevano agevolmente indursi le monache a vestire una vedova"*.

Sui motivi del rifiuto delle monache sono state date tante risposte. Da quanto abbiamo appena letto la versione più fiorettistica è incline ad indicare, come motivo del rifiuto, lo stato vedovile.

Tuttavia è stato ampiamente dimostrato che questa ipotesi non regge, poiché vi erano in monastero già altre vedove; anzi la vita monastica pareva all'epoca il modo più santo e degno per vivere lo stato vedovile.

E allora se vogliamo in qualche modo giustificare il rifiuto delle agostiniane con la condizione vedovile di Rita, dobbiamo aggiungere che la rifiutarono perché era la vedova di un uomo assassinato, per il quale era in corso una faida ed ancora le strade di Cascia erano insanguinate. Pertanto, accogliendola in monastero, Rita avrebbe rappresentato un serio pericolo di agguati e ritorsioni per l'intera comunità.

Non bisogna neanche dimenticare un'altra recente ipotesi più pratica. Difatti sono stati ritrovati documenti in cui si parla delle monache dell'epoca e tra di esse c'è il nome di una certa suor Caterina di Mancino, probabilmente una parente stretta di Paolo. È probabile allora che costei, risentita dal fatto che Rita non volesse collaborare coi suoi parenti rivelando l'identità dell'assassino, pose il veto all'accoglimento della postulante, causando così il rifiuto delle altre monache.

In un modo o nell'altro era chiaro che, prima di entrare in S. Maria Maddalena, Rita doveva riappacificare le famiglie in lotta tra di loro.

Era dunque questo il miracolo più grande che si richiedeva. Per ottenerlo Rita doveva cercarlo prima di tutto con la preghiera a Dio, poi con l'esempio di una vita di testimonianza cristiana.

Chissà quante volte avrà bussato in nome di Cristo chiedendo e annunziando "Pace a voi", quante lacrime, notti insonni sulla cima dello Scoglio, o nella sua casetta, o sulla tomba dei suoi cari.

Ed alla fine, forte della santa caparbietà, soffrendo, conquistò quanto voleva attraverso una pubblica e regolare pacificazione; le si spianò così la strada per il monastero.

Ecco allora il fioretto del volo prodigioso dalla scoglio e dell'ingresso a porte chiuse in monastero: "*Così nel maggiore ardore delle sue preghiere sulla mezzanotte, udì una voce che l'invitava al monastero. Rivoltatasi, Rita vide san Giovanni Battista, che s'incamminava verso un altissimo sasso cinto da dirupi e da balze spaventose che si chiama comunemente lo Schioppo di Roccaporena. Ivi giunta e per breve spazio abbandonata, ebbe occasione di raffigurare nell'altezza del luogo la sublimità della perfezione religiosa, a cui Dio la chiamava e nel precipizio l'orrore della caduta. Mentre se ne stava tutta timida ed ansiosa, fu racconsolata da san Giovanni Battista, in compagnia del quale Rita vide sopravvenire sant'Agostino e san Nicola da Tolentino. Questi tre santi, presa unitamente la devotissima vedova, la riposero con modo a lei incomprensibile dentro il monastero in cui ella bramava di vivere ed ivi lasciata, incontinente disparvero. Furono grandi i rumori che mossero la mattina le monache, trovando Rita dentro il chiostro, senza sapere come vi fosse entrata, in tempo di notte e con le porte serrate. Ma udito da lei semplicemente e con molta ingenuità quanto le era accaduto, radunatesi in Capitolo e per divina disposizione unitamente per monaca l'accettarono.*

Dunque tale fioretto del "volo prodigioso" come possiamo leggerlo? Come l'esempio di quanto per intercessione dei suoi tre santi patroni, san Giovanni Battista, sant'Agostino, san Nicola da Tolentino, Rita riuscisse a superare gli ostacoli e a coronare il suo desiderio, attraverso la forza della fede e della preghiera: il volo sull'odio, il balzo della fede.

Il chiostro del monastero

Suor Rita agostiniana

Una volta raggiunta la pace tra le famiglie, grazie anche all'aiuto del priore del convento di Sant'Agostino, le monache si riunirono nuovamente in capitolo e questa volta la postulante fu accolta in monastero. Fu così che nel 1407 Rita iniziò la sua nuova vita nel monastero di Santa Maria Maddalena. Ancora oggi è possibile vedere il coro dove, secondo la tradizione, le monache la ritrovarono all'improvviso condotta dai suoi tre patroni. Il fatto poi che il fioretto ci parli di ingresso a porte a chiuse, può essere letto non necessariamente facendo riferimento alle porte materiali, ma a quelle dei cuori che Rita dovette conquistare, vincendo l'incertezza di qualche monaca, a cominciare dalla parente di suo marito.

Ed è in quel coro che venne a svolgersi il rito di accoglienza nel postulato a cui sarebbe seguito il noviziato e la solenne professione.

Il postulato durava solo alcuni giorni. La postulante veniva istruita dalla badessa sulle caratteristiche principali della vita religiosa.

Qualche giorno dopo avveniva la vestizione con cui si iniziava il noviziato. Un anno dopo, essendo stata istruita sulla vita religiosa e sulla regola dalla badessa, la novizia faceva la prima professione. La professa poneva le mani fra quella della "madre" e pronunciava i voti: "*Spontaneamente voglio offrire la mia persona a Dio Onnipotente, al Beato Ago-*

stino, alla Beata Maria Maddalena e a te..., Madre badessa di questo monastero di Santa Maria Maddalena di Cascia... Prometto di abitare per sempre in questo monastero, e di vivere in obbedienza, castità e povertà, senza possedere alcuna proprietà, per tutta la vita, e di vivere in questo monastero secondo la regola del Beato Agostino e la sanzione dei canoni" *(Luigi Vannutelli, Richiamo alla storia, Perugia, 1925 in D.R.A Vol. III c.41-42; pg.53)*. Tre anni dopo la prima professione religiosa, la candidata faceva quella solenne che l'avrebbe impegnata per sempre al servizio di Dio e delle consorelle.

Il cammino di suor Rita venne dunque a svolgersi ancora una volta in maniera molto semplice, con la preghiera, con il servizio, con la penitenza, con il lavoro e con l' obbedienza.

Difatti si racconta che durante il periodo del noviziato la madre badessa per provare l'umiltà di suor Rita, le abbia comandato di piantare e innaffiare un arido legno. La Santa obbedì senza indugi ed il Signore premiò la sua serva facendolo fiorire in una vite rigogliosa.

Ancora oggi, la testimonianza di questo prodigio è, per tutti i fedeli, la vite di santa Rita sita nel chiostro. Le consorelle ne raccolgono uva e con i pampini ne fanno polverine, che i devoti chiedono ed usano quale gesto di fede nell'aiuto di Dio per intercessione della Santa.

Come si svolse da allora la vita della trentaseienne suora?

Una volta fatta la professione solenne sorella Rita visse nella comunità come una suora umile, dedita alla preghiera, al lavoro, seguendo la Regola di sant'Agostino. Tuttavia è lecito pensare, anche alla luce delle varie testimonianze agiografiche, che ella digiunasse, praticasse l'astinenza, non solo nelle quaresime comandate ma anche per altri lunghi periodi, sempre rispettando il volere della badessa.

Nel breve racconto delle sue consorelle si legge: *"Tre volte si disciplinava fra la notte ed il giorno fino allo spargimento del sangue, raccomandando a Dio in una le anime del purgatorio, nella seconda i suoi benefattori e nella terza i peccatori...Portava sempre cinti i fianchi con un aspro cilicio di setole di porco che con le sue mani aveva tessuto e dentro la tonaca aveva cucite acutissime spine che nel muoversi la trafiggevano. I suoi digiuni erano di pane ed acqua, facendo tre quaresime l'anno con ugual rigore ed osservando molte vigilie per sua devozione, oltre a quelle che ne prescrive la santa Chiesa specialmente in onore della Santissima Vergine...E benché con le continue asprezze lo mantenesse (il corpo) sempre soggetto ed obbediente allo spirito, tuttavia quando l'astringeva a dargli qualche riposo, si coricava o sulla nuda terra o sopra una semplice tavola per non concedergli agio soverchio di ripugnare allo studio della continua mortificazione"*.

Non vogliamo in questa sede però eccedere in altre descrizioni, basta sapere che penitenza e sacrificio furono sempre presenti nella vita di suor Rita. Infatti tutto questo, unito ad una condotta esemplare, ne fecero ben presto una sorella preziosa per tutti, dentro e fuori le mura.

D'altra parte la clausura in quel momento non era notevolmente rigida e le suore spesso uscivano per svolgere varie mansioni e soprattutto esercitarsi nelle opere di carità a favore delle categorie deboli: vedove, orfani e famiglie povere. Approfittandone suor Rita si recava a soccorrere gli ammalati, continuando il suo compito di paciera. Tutto questo la rese prezioso aiuto per l'intera popolazione casciana, che cominciò a vedere in lei un dono del cielo.

Per concludere, ascesi, contemplazione, preghiera, penitenza, ma anche azione furono sicuramente le direttive di quaranta anni di vita claustrale.

Del resto, preghiera e apostolato avevano segnato il cammino di sant'Agostino dalla sua consacrazione sacerdotale prima ed episcopale poi. Agostino coniugò insieme, in stupenda armonia, la *contemplazione della verità*, cioè la preghiera, con l'*impegno della carità*, ed aveva dato ai suoi monasteri di uomini e di donne questo programma di vita, rispondente alle reali necessità della Chiesa.

A questo proposito molto belle sono le parole in

cui il santo esprime il suo zelo nel servire la Chiesa di Dio, che sicuramente suor Rita avrà gustato e fatto proprie. È il brano di una lettera, indirizzata all'abate di un monastero al quale così scrive: "*Se la Chiesa richiederà i nostri servigi, non assumeteli per brama di salire in alto né rifiutateli spinti dal dolce far nulla, ma assumeteli con mitezza di cuore a Dio sottomettendovi con mansuetudine a Colui che vi dirige, che guida i miti nella giustizia e ammaestra i docili nelle sue vie. Non vogliate neppure anteporre la vostra pace alle necessità della Chiesa; se nessuno tra i buoni volesse prestarne l'opera nel generare nuovi figli, nemmeno voi avreste trovato il modo di nascere alla vita spirituale*" *(Lettera 48, 2)*.

Santa Rita riceve la stigmata

La Santa della Spina

Erano passati tanti anni dal 1407, anno dell'ingresso in monastero, eppure le sofferenze, le preghiere, il servizio a Dio e al prossimo, dovevano sembrare alla piccola suora ancora troppo poco. Cosa si poteva fare per innalzare quell' amore in modo da renderlo più fruttuoso per le anime bisognose?

Fu allora che Rita trovò la risposta: unirsi profondamente al Crocifisso e "sentire" nella sua carne i segni della passione di Gesù, partecipare alla sua sofferenza, diventare con Lui una cosa sola, perché "*ciascuno è ciò che ama*" (*Commento alla I Lettera di s. Giovanni 2, 14)* aveva scritto Agostino. Amare Cristo voleva dire "essere Cristo"; lo fu per Rita, lo deve essere per ogni cristiano: il battesimo opera questa unificazione, questo innesto.

Le sofferenze della sua vita non dovettero sembrargli nulla nei confronti di quelle della passione del Cristo e molti predicatori che venivano a Cascia, come san Giacomo della Marca, lo ricordavano bene.

Ci preme anche notare che uno dei punti fondamentali della spiritualità agostiniana sia l'amore per l'umanità di Gesù, perché proprio attraverso l'umanità di Gesù, che trova la sua massima espressione nella morte in croce, l'uomo è salvato e redento.

Presa da tanta mistica riflessione sul Cristo sofferente, Rita, rapita in estasi davanti al Crocifisso, ne ricevette il sigillo sulla fronte: una spina staccatasi dalla corona di spine del Crocifisso le si conficcò nella fronte, provocando lancinante dolore da lasciarla, stando a quanto racconta la devozione popolare, tramortita a terra così come la ritrovarono l'indomani le consorelle. Era l'anno 1432.

Ancora oggi chi visita il monastero, può vedere quello che secondo la tradizione fu il Cristo del prodigio. In realtà non sappiamo bene se il miracolo avvenne realmente là, ma il fatto di collocare lo straordinario evento dinanzi ad un crocifisso dipinto esclude ogni trauma di origine naturale.

Sicuramente Rita visse questo dono con molta umiltà e non ne fece mai vanto, parlando poco della sua ferita. Anche per le consorelle, quella ferita che non si rimarginava, all'inizio dovette essere una semplice piaga, o se qualcosa intuirono, imbarazzate ed intimorite, cercarono di non farla trapelare per evitare problemi con le autorità religiose; tuttavia non riuscirono a tenere la cosa sotto silenzio. Furono forse questi i motivi per cui le monache cercarono di tenerla, come alcuni sostengono, isolata.

La stigmata di Rita si presenta per molti aspetti straordinaria e singolare. In primo luogo essa, a differenza di altre manifestazioni di coronazione di spine, non si è limitata a semplice emorragie frontali nei giorni più particolari di quaresima e settimana santa. La sua ferita è stata reale, concreta, profonda ed è tutt'oggi presente sul suo venerato corpo.

Gli esami medici specialistici, hanno ritrovato nell'osso frontale le tracce della piaga originaria, ma hanno anche dimostrato che non si era verificata un'estensione o un aggravamento periferico.

Il dott. Zacchi così concluse una ricognizione ufficiale del corpo della Santa nel 1972: "*La superficie cranica è liscia, eccettuata una piccola zona... questa piccola zona appare piuttosto rugo-*

Il crocifisso della spina

sa... In questa zona rugosa e precisamente sul lato interno della bozza frontale, si osserva, abbastanza marcata, una piccola traccia lineare, lunga circa venticinque millimetri, larga mezzo millimetro, e con una profondità che raggiunge la base interna, ma non penetra nella cavità cranica...Questa lesione può essere stata provocata da un trauma, come un oggetto contundente o un urto violento su un angolo sporgente o ancora da uno strumento appuntito che, essendo penetrato a forza, avrebbe scalfito l'osso..." *(O. Zacchi, Ricognizione del corpo di santa Rita da Cascia, ms. archivio Ordine S.Agostino a Roma (**OSA**), p. 5-6)*.

È come se lo Sposo avesse voluto premiare la sua serva Rita col suggello della sua carità e della sua passione, perché potesse essere unita a Lui fin sulla croce, per il bene degli uomini di tutti i tempi.

Viaggio a Roma

Ma a quella ferita è anche legato un altro evento singolare: la scomparsa momentanea per un pellegrinaggio a Roma.

Molti collocano la morte della Santa al 1457 per legare tale viaggio ad un pellegrinaggio giubilare dell'anno 1450. Ma abbiamo già avuto ampiamente modo di dimostrare che la Santa è morta nel 1447. Come possiamo allora spiegare questo viaggio a Roma?

Nel 1446 veniva canonizzato a Roma da papa

Eugenio IV san Nicola da Tolentino. Questo avvenimento fu molto importante per l'Ordine; san Nicola da Tolentino era il primo religioso canonizzato dell'Ordine; famoso per i suoi strepitosi miracoli, per la straordinarietà della sua pietà e semplicità, per il suo impegno nelle confessioni e il suo servizio ai malati. Se c'è un santo a cui paragonarlo oggi, non esiteremmo a fare il nome di san padre Pio da Pietrelcina. Inoltre era uno dei santi che Rita aveva invocato nei momenti tragici della sua vita. A lui si era rivolta per ottenere la pace e l'ingresso in monastero. Poteva Rita mancare a quella grande festa? Evidentemente no.

Ritorno della stigmata dopo il viaggio a Roma

(santa Rita è la suora al centro della scena)

Tuttavia le sorelle non volevano portarla con loro forse perchè temevano per la sua incolumità, dato che i digiuni, la piaga e l'età la mettevano a dura prova. Forse volevano evitare di esporla in pubblico con quella ferita proprio nel cuore della cristianità.

Suor Rita pregò il Signore di farle tale dono. Dice il breve racconto: "*si fece con gran fede arrecare un poco di unguento semplice dallo speziale e con quello toccatasi la fronte, ... la ferita si socchiuse in maniera che non apportava difformità. Sì che potè andare a Roma a riverire quelle sante memorie dei martiri come fece con pietà straordinaria e a ricevere il giubileo. E acciocchè s'intendesse, come il medicamento applicato alla piaga non aveva naturale virtù di saldarla, non così tosto fu la santa vedova tornata da Roma, che la ferita si ridusse al suo stato primiero*".

Si tratta ancora una volta di un'estrema singolarità nei fenomeni di stigmatizzazione e probabilmente questo episodio dovette far cadere ogni dubbio, paura o incertezza delle consorelle verso la ferita miracolosa di suor Rita.

Da quel viaggio suor Rita tornò stanca, debilitata, ma felicissima; una volta però tornata nei pressi di Cascia, la ferità riapparve miracolosamente, come abbiamo letto e ci mostra anche una delle tele del coro del monastero.

La santa della rosa

Ormai da tempo l'età e la salute malferma le impedivano di prestare servizio fuori del monastero; la preghiera era rimasto l'unico modo per farsi sentire vicina ai suoi concittadini. Per di più da quando aveva avuto la stigmata molti, che la ritenevano una santa, non mancavano di affidarsi alle sue preghiere per ottenere aiuto e misericordia da Dio.

Suor Rita non si faceva mai negare, non lesinava mai il suo aiuto. Tuttavia sentendosi vicina alla morte, una pena le affliggeva il cuore. Ella non era entrata in monastero per dimenticare i suoi cari

L'offerta a santa Rita inferma delle rose e dei fichi prodigiosamente sbocciati e maturati in pieno inverno nel suo orto di Roccaporena

defunti e vivi, ma per pregare anche per le loro anime. Ed ora che si avvicinava l'incontro con lo Sposo celeste, si chiedeva se le sue preghiere e sofferenze avessero ottenuto per loro il perdono divino. Paolo, i suoi figli, erano stati accolti dal Padre in Paradiso?

E questa pena si associava anche ad un pizzico di nostalgia per la vita trascorsa nel borgo di Roccaporena. Fu così che in pieno inverno, venendola a trovare una sua parente, suor Rita espresse uno strano desiderio, che lasciamo al racconto delle monache: " *Piacque a Dio nostro Signore di dare segni evidenti dell'amore che portava alla sua diletta sposa. Nel più aspro rigore dell'inverno, essendo ogni cosa ricoperta di neve, una buona donna parente di Rita fu a visitarla; nel partire le chiese se da casa sua voleva cosa alcuna. Rispose Rita che avrebbe desiderato una rosa e due fichi del suo orto. Sorrise la buona donna, credendo ch'ella delirasse per la violenza del male e se ne andò. Giunta a casa ed entrata ad altro fine nell'orto, vide sulle spine spogliate d'ogni verdura e cariche di neve una bellissima rosa e sulla pianta due fichi ben maturi; e rimasta attonita per la contrarietà della stagione e per la qualità di quel freddissimo clima, veduti il fiore e i frutti miracolosi li colse e a Rita li portò*".

Chiese un segno all'Amore e il cielo le rispose, facendo fiorire in pieno inverno rose e fichi maturi, che la santa accolse come segno del perdono divino per i suoi cari.

Ancora oggi i pellegrini seguendo un breve sentiero salgono a visitare l'orto del miracolo a Roccaporena ove Rita è rappresentata in un gruppo bronzeo con la sua parente *(Opera di R. Maleci del 1941)*. Questo fioretto è dunque alla base della devozione popolare che vede in santa Rita la santa delle rose.

Ogni anno difatti milioni di rose in tutto il mondo vengono benedette in suo onore. Vi è chi le consegna ad amici e parenti e chi invece le porta agli ammalati. Inoltre chiunque visiti il suo corpo benedetto a Cascia, sa bene quanto le sue premurose e sollecite consorelle non la lascino mai in ogni stagione dell'anno, priva di vasi pieni del suo fiore preferito. È come se attraverso loro Rita volesse indicare ancora ai suoi devoti, che solo passando attraverso le spine della sofferenza si raggiunge il profumo della santità.

Verso l'Amato

Con un fisico ormai provato dalle tante sofferenze, la notte tra il 21/22 maggio dell'anno 1447, Rita spirò.

In quel momento la tradizione vuole che le campane del monastero, mosse da mani invisibili si mettessero a suonare, richiamando la cittadinanza a far festa perché la santa monaca era stata ricevuta con festa in cielo.

Il corpo fu portato nella chiesa del monastero, esposto alla venerazione dei fedeli. Iniziarono allora i primi miracoli. Un cittadino di Cascia, Cecco Barbari, che era accorso a venerare la Santa, esclamò: "O se io non fossi storpio la farei io la cassa!".

Pose le mani sul corpo e fu guarito.

Egli provvide allora perché si costruisse la prima cassa ove il venerabile corpo fu deposto, contenuta oggi nel sarcofago solenne dentro la cella della Santa.

Il corpo di santa Rita non è mai stato sepolto, ma inizialmente venne collocato in un oratorio dentro il convento ove le suore iniziarono ad appendere gli ex - voto che venivano portati.

Nel 1457 a causa di un incendio divampato nell'oratorio, la cassa ed il corpo rimasti intatti, vennero messi nel suddetto sarcofago realizzato in quell'anno.

Questa cassa solenne, fatta a soli dieci anni di

distanza dal trapasso di Rita, mostra la sua fama di santità già diffusa, difatti venne inserito l'epitaffio commemorativo, che abbiamo avuto modo di descrivere già precedentemente.

Essa veniva aperta il giorno 22 maggio per permettere ai fedeli di venerare le spoglie incorrotte.

Successivamente il corpo di santa Rita ha avuto ulteriori passaggi fino a giungere nella bellissima cappella dell'attuale Santuario.

Nascita al cielo di santa Rita

Santa Rita da Cascia agostiniana

Il processo di beatificazione ebbe inizio il 19 ottobre 1626, sotto il pontificato di Urbano VIII che ben conosceva la Santa essendo stato vescovo di Spoleto fino al 1617.

Ma il principale sostenitore della causa di beatificazione fu però il cardinale Poli, nativo di Usigni, villaggio del territorio casciano. Il processo si svolse a Cascia e a Roccaporena con capillarità minuziosa. In seguito al processo casciano il 2 ottobre 1627, Urbano VIII concesse soltanto ai religiosi agostiniani di celebrare la messa e l'ufficio in onore della beata Rita in tutte le loro chiese della diocesi di Spoleto e dell'Ordine. Il 4 febbraio 1628 dispose che tale messa potesse essere celebrata nelle chiese della diocesi anche dai sacerdoti non apartenenti all'Ordine. Con queste iniziative che autorizzavano il culto si sanciva la beatificazione anche se non nella forma solenne e canonica tradizionale.

Nel 1737 gli agostiniani ed il Comune di Cascia vollero premere per la canonizzazione. Per aprire il processo fu ripreso in mano il volume della beatificazione; fattene tre copie, una la si inviò alla Congregazione dei riti. Iniziò così un lungo e altalenante processo sulle virtù ed i miracoli, finchè il 25 febbraio 1896 fu finalmente redatto il decreto sulle virtù eroiche. Nel 1899, dopo aver preso in esame i vari miracoli, stimati utili per la canonizzazione, tra questi si approvò: il profumo che si diffonde dal corpo della santa (fenomeno iniziato alla sua morte ma registrato solo dal 1626 e ancora oggi presente) la guarigione della piccola Elisabetta Bergamini e quella di Cosma Pellegrini.

Finalmente il 24 maggio 1900, Leone XIII *(Nato a Carpineto Romano il 2/3/1810 † a Roma il 20/7/1903. Fu Papa dal 1878 al 1903)* proclamò Santa la *Margherita* di Roccaporena e Cascia.

Agli inizi del XX sec. con santa Rita da Cascia, la chiesa di Cristo ha voluto ancora indicare al mondo che la santità deve essere vissuta nella vita di ogni giorno ed in ogni suo stadio: amando Dio ed i fratelli.

Il primo miracolo

L'apoteosi del giubileo del duemila

Giungiamo ora a narrare un evento straordinario che sicuramente avrà visto partecipi non solo chi scrive, ma anche chi legge. Nel 1999 parlando con l'allora priore della comunità, si iniziò a pensare a quale grande dono si potesse dare ai pellegrini per l'anno santo del 2000.

La sorpresa venne svelata nel gennaio del 2000. I devoti della santa si sarebbero ritrovati in piazza san Pietro per il 20 maggio, in occasione del centenario della canonizzazione e di una udienza speciale concessa dal papa Giovanni Paolo II. Santa Rita tornava a Roma!

L'organizzare quell'evento fu qualcosa di straordinario. Presso la casa di accoglienza i padri predisposero una linea telefonica gratuita per le informazioni e le prenotazioni dove le addette, con certosina pazienza, guidate dal padre responsabile, trascorrevano ore di comunicazioni telefoniche. Il p. rettore Bolivar Centeno, l'arcivescovo diocesano mons. Riccardo Fontana, la badessa madre Gertrude, presi i contatti con le autorità civili e vaticane, avendo avuto sicurezza per quel particolare viaggio, che intimoriva non poco e non poco lasciava perplessi, portarono con forza e coraggio avanti l'iniziativa.

Il giorno 19 maggio 2000, santa Rita spiccava il volo, questa volta veramente, su un elicottero della polizia di Stato, accompagnata da mons. Riccardo

Fontana e p. Bolivar, e atterrava in Vaticano. Un corteo di confratelli romani, scortato, l' accompagnava alla chiesa di S. Agostino in Campo Marzio, ove l'allora provinciale, ora rettore del Santuario di Cascia, p. Gianfranco Casagrande, insieme ai suoi confratelli le aveva preparato una intera giornata di preghiere.

Milioni di persone fino alla notte tarda gremirono S. Agostino, il salotto di Roma come viene soprannominato. Rose, ceri, lacrime, preghiere e flash di macchine fotografiche continuarono incessanti. Verso l'una di notte il padre provinciale fu costretto a chiedere ai fedeli un po' di riposo per la comunità e invitarli a raggiungere la santa dopo poche ore in piazza San Pietro.

L'indomani mattina alle ore quattro circa 100 pellegrini erano già sistemati dietro le transenne d'ingresso, tra lo stupore e forse un po' di iniziale sospetto della volante di polizia che vegliava in piazza. Alle ore 6,00 del 20 maggio 2000 il corteo scortato trasportava santa Rita presso la chiesetta di S. Monica, adiacente al colonnato del Bernini.

La prima auto ad arrivare portava il p. priore e p. responsabile dell'organizzazione. Giungendo, furono stupiti nel sentire da che ora quei "folli" di santa Rita la stavano attendendo. Il premio però fu notevole: per la prima volta e forse unica, quei devoti poterono vedere la loro mamma, sorella, avvocata vicinissimo mentre veniva introdotta in chiesa.

Alle ore 8,00 si aprirono i varchi di ingresso e nell'arco di un'ora piazza S. Pietro non aveva più posti a sedere. Alle ore 10,00 il cardinale segretario di Stato Angelo Sodano accolse santa Rita tra gli applausi e le lacrime della gente proveniente da tutto il mondo. Iniziò così la celebrazione della santa Messa. Data la straordinarietà dell' evento rimandiamo all'appendice per i testi dell'omelia e della udienza. Al termine della celebrazione alle 11,00 si sentì un grido: il papa! W Giovanni Paolo II! evviva Santa Rita!

Giovanni Paolo II sulla papa mobile scoperta percorreva l'intera piazza stando in piedi, salutando e benedicendo tutti. Giunto sul sagrato si inginocchiava a pregare davanti all'urna col corpo di santa Rita. Era la prima volta che l'uomo vestito di bianco e la santa dei casi difficili si incontravano.

Tuttavia nel 1981 Giovanni Paolo II le aveva già fatto un dono con una lettera pastorale e quell'udienza a chi scrive sembrò quasi il ricambio di una gentilezza, da parte della santa, visto che il sommo Pontefice aveva da qualche giorno festeggiato il suo compleanno.

L'udienza generale con una *pellegrina speciale* come la definì il Pontefice durante l'omelia e coi suoi fratelli durò circa un'ora, testimoniando al mondo che il messaggio di amore e di pace deve ancora oggi trionfare.

Da quell'incontro, per volontà del Sommo Pontefice, santa Rita è stata di fatto inserita nell'edizione tipica latina del messale romano del 2001.

Al termine dell'udienza santa Rita tornava a volare e questa volta però atterrava non nel monastero, ma nel suo paese a Roccaporena. Gli organizzatori del posto avevano predisposto tutto per accogliere la concittadina sul piazzale dell'Opera santa Rita.

Verso le 21,00 deposta su un mezzo della polizia, adorna di rose, scortata da una interminabile coda di persone in preghiera, la santa si avviava a tornare a Cascia dove giungeva a tarda notte tra il suono festoso delle campane, i canti e le preghiere,

Sarcofago solenne dove fu deposta la Santa nel 1457

la banda musicale ed i fuochi d'artificio.

Rientrava così nel monastero, nel suo santuario dove ognuno può sempre andare a farle visita.

Il giorno 21 maggio 2005 si è svolta la tradizionale accesione del tripode davanti al santuario. Fin qui tutto pare normale, solo che quest'anno la fiaccola per l'accensione giungeva da Ostia ed era stata benedetta dal nuovo pontefice Benedetto

XVI. Egli, accogliendo il rettore p. Gianfranco in piazza S. Pietro, appena ha sentito parlare di santa Rita, si è subito affidato alle preghiere esclamando: “Santa Rita! Santa degli impossibili!”, confermando così quanto la nostra cara santa agostiniana sia nel cuore dei vicari di Cristo.

Rita, modello di vita evangelica

È stato scritto che il nostro tempo, pur glorioso nel campo delle ricerche scientifiche, non lo è per i valori morali che ha perduto nel corso della sua storia; infatti, lo chiamano tempo di povertà e di miseria spirituale: timori, paure, angosce, insicurezza,disorientamento, la famiglia non è più scuola essenziale di formazione umana, né la scuola supplisce a questa carenza. Il quadro è realistico, non dobbiamo però lasciarci prendere dal pessimismo, perché non tutto è perduto. L'uomo, essere delle grandi risorse, saprà troverà certamente anche oggi la forza di rigenerarsi.

Quando i sarti voglio creare un vestito, creano prima dei "modelli", poi, servendosi di essi, confezionano vestiti. Noi abbiamo i modelli, i santi, ora dobbiamo costruire la santità. Intanto nell'aria si sente la necessità di cambiamento: sono le vibrazioni del "brusio degli angeli", l'esigenza di una vita spirituale dopo esserci saziati di materialismo fino alla nausea, la grande voglia di ritirarsi a vivere il silenzio e riconquistare la dolcezza di "*stare con noi stessi*" (Cf. sant'Agostino *Lettera X*).

In foto: Madonna della Libera, beato Simone e santa Rita

I santi, abbiamo detto, sono i nostri modelli; santa Rita è il modello alla nostra portata: donna semplice, del popolo, nascosta, anzi, quasi seppellita dalle montagne che nascondono il piccolo borgo di Roccaperena, ora però posta sul candelabro per far luce sul mondo intero.

Vediamo come.

Dopo aver ricostruito il cammino di Rita da Cascia, per poterla seguire sulla via della santità, dobbiamo fermarci a riflettere sulle sue scelte e coglierne il messaggio, gli insegnamenti. Ella, nella sua particolare vicenda umana, ha attraversato ogni stadio: figlia, sposa e madre, vedova e consacrata, ponendosi pienamente alla sequela di Cristo.

Ci piace allora consegnare a tutti coloro che vorranno seguirne le orme, delle brevi riflessioni tratte da alcuni discorsi del Servo di Dio Giovanni Paolo II che ben si adattano con la storia della nostra Santa.

Rita figlia di Antonio e Amata, pacieri di Cascia

"La famiglia cristiana, in quanto "Chiesa domestica" costituisce una scuola nativa e fondamentale per la formazione della fede: il padre e la madre ricevono dal sacramento del Matrimonio la grazia e il ministero dell'educazione cristiana nei riguardi dei figli, ai quali testimoniano e trasmet-

tono insieme valori umani e valori religiosi. Imparando le prime parole, i figli imparano anche a lodare Dio, che sentono vicino come Padre amorevole e provvidente; imparando i primi gesti d'amore, i figli imparano anche ad aprirsi agli altri, cogliendo nel dono di sé il senso del vivere umano.

La stessa vita quotidiana di una famiglia autenticamente cristiana costituisce la prima "esperienza di Chiesa", destinata a trovare conferma e sviluppo nel graduale inserimento attivo e responsabile dei figli nella più ampia comunità ecclesiale e nella società civile.

Quanto più i coniugi e i genitori cristiani cresceranno nella consapevolezza che la loro "Chiesa domestica" è partecipe della vita e della missione della Chiesa Universale, tanto più i figli potranno essere formati al "senso della Chiesa" e sentiranno tutta la bellezza di dedicare le loro energie al servizio del Regno di Dio".

Queste parole si adattano bene alla famiglia della giovane Rita. Ella visse con i suoi cari fino alle nozze, ricevendone insegnamenti concreti di vita.

Da loro imparò ad unire preghiera e vita seguendo lo spirito del Vangelo.

Nella casa di Roccaporena seppe vivere nell'obbedienza e nel rispetto dei suoi cari; virtù che sapeva manifestare pur sempre nel pieno rispetto delle proprie idee e scelte. Fu questa "Chiesa domestica" di Antonio Mancini ed Amata Ferri che insegnò alla giovane Rita come affrontare il matrimonio e la vita di coppia con Paolo.

Rita sposa e madre

"Attraverso la famiglia fluisce la storia dell'uomo, la storia della salvezza dell'umanità. Essa si trova la centro del grande combattimento tra il bene e il male, tra la vita e la morte, tra l'amore e quanto all'amore si oppone. Alla famiglia è affidato il compito di lottare prima di tutto per liberare le forze del bene, la cui fonte si trova in Cristo redentore dell'uomo. E' importante che i suoi membri imparino ad invocare il Signore mediante una preghiera assidua, fatta insieme, in comunione di fede e di amore".

Paolo di Ferdinando non era un uomo semplice da capire, il suo animo era come un terreno disposto a dare buoni frutti, tuttavia era reso secco dall'odio e dalla violenza della fazione politica ghibellina, di cui la sua famiglia era una delle più accanite ed autorevoli esponenti. Ed ecco che l'amore, la comprensione, l'esempio assiduo di fede e preghiera, la pazienza ma anche il temperamento energico e risoluto di Rita ammorbidirono il cuore del marito. Andare contro corrente, contro i congiunti di Mancino, non fu un'impresa facile, ma Rita sapeva bene, dato che l'aveva sperimentato con i suoi genitori, che *alla famiglia è affidato il compito di lottare prima di tutto per liberare le forze del bene, la cui fonte si trova in Cristo redentore dell'uomo.* E, dopo aver riportato Paolo sulla retta via, insieme, educarono i ragazzi a seguire gli insegnamenti di Cristo.

Mai, come oggi, la vita di coppia ha manifestato la sua fragilità.

I giovani si accostano al matrimonio dopo aver fatto tutte le esperienze possibili; dicono che la convivenza permette loro di conoscersi meglio, invece è tutto il contrario: quella che chiamano conoscenza è solo rifiuto del senso del "mistero". Stare insieme per convivere è cosa scontata, minestra fritta e rifritta, priva di novità, con il tempo non attrae più, basta solo qualche mese, o, al massimo qualche anno, per dire: basta! Non ne posso più. E i figli? Purtroppo, anime innocenti, sono costrette ad essere spettatori dell'egoismo di mamma a papà.

I giovani, se vogliono salvare la società, devono riappropriarsi del senso del "mistero"; l'uomo rimane realtà misteriosa, sempre, per tutta la vita; ma è questo mistero che *se-duce*, cioè attrae a sé da incollare l'uno all'altro, rapiti dalla forza dell'amore.

Fu l'amore paziente, perseverante, generoso, cristiano che unì Rita a Paolo, lo trasformò e ne fece un uomo capace di perdono e amante della pace. Quando due giovani sono fusi e purificati dal fuoco dell'amore, la vita in due diventa "gustosa" e piacevole viverla.

Rosario di santa Rita

Rita vedova del perdono

"Perdono è una parola pronunciata dalle labbra di un uomo al quale è stato fatto del male. Anzi, essa è la parola del cuore umano. In questa parola del cuore ognuno di noi si sforza di superare la frontiera dell'inimicizia, che può separarlo dall'altro, cerca di ricostruire l'interiore spazio d'intesa, di contatto, di legame.

Cristo ci ha insegnato con la parola del Vangelo, e soprattutto col proprio esempio, che questo spazio si apre non solo davanti all'altro uomo, ma in pari tempo davanti a Dio stesso. Il Padre, che è Dio di Perdono e di misericordia, desidera perdonare coloro, che sono reciprocamente capaci di perdonare, coloro che cercano di mettere in pratica quella parole: Rimetti a noi... come noi rimettiamo".

Quando la morte bussa alla porta, il dolore si manifesta in modo forte e straziante, ma quando essa giunge in circostanze violente come quelle di Paolo, l'ingiustizia e l'irrazionalità umana, mettono a dura prova più che mai. Se a questo poi si aggiunge la successiva prematura scomparsa dei due figli, non resta che da rimanere inermi e storditi. Quanto è difficile, se non impossibile, dire a chi ti ha gravemente offeso "perdono"! Come si fa' a cancellare tutto con un colpo di spugna? L'uomo ha il diritto di perdonare?

Ci sono peccati contro l'umanità così grandi da superare le capacità dell'uomo: Auschwitz ne è il simbolo.

C'è stato chi ha scritto e detto che il perdono è pensabile solo nel Crocifisso che muore innocente e che dice: "*Perdona loro perché non sanno quello che fanno*". Non lo sanno, ma il male resta sempre un abisso che non può essere colmato dall'uomo; ed io che ho subìto il male come posso vantare il diritto di perdonare? Mi resta solo una cosa da fare: pregare Dio perché conceda loro il perdono; Dio solo può rimettere i peccati.

Perdonare non riguarda tanto il comportamento morale dell'uomo quanto piuttosto la grazia. Il perdono è dono di Dio, è grazia.

"*Rimetti a noi nostri debiti come noi li rimettiamo ai nostri debitori*".

Il perdono che noi riceviamo da Dio per i nostri peccati, non dobbiamo trattenerlo dentro di noi, ma liberarlo per donarlo agli altri. E questo è l'abbraccio dell'amore.

L'amore sconfinato di Rita per il Crocifisso l'ha assimilata a lui, per questo motivo ha vinto gli assalti dell'odio, ha superato la notte buia dell'anima, ha saputo guardare in alto e riconoscere che all'odio non si deve e non si può rispondere con l'odio, ma solo con l'Amore, quello che nasce guardando a Colui che per amore si è fatto inchiodare sulla Croce per tutti. Rita lo ha capito e lo ha indicato ai suoi figli, ai parenti di Paolo, alle famiglie coinvolte nella faida.

Ella ha saputo insegnare che *“Dio è il solo che possa donare la vera pace al cuore dell’uomo, alle famiglie e ai popoli della terra”*. Si è impegnata a ricercare e promuovere la pace, la giustizia e la fraternità non dimenticando le parole del Vangelo: *“Beati gli operatori di pace, perché saranno chiamati figli di Dio”*

Non t’impressionare se senti il peso e la difficoltà di concedere il perdono, riconosci, con umiltà, la tua incapacità, e affidati a Colui che lo può e che, nel momento della prova, ha gridato insieme a te: “*Dio mio, Dio mio, perché mi hai abbandonato”?* ma che subito ha detto: “*Nelle tue mani affido il mio spirito”*. Allora potrai anche gridare: “*Padre, perdona loro...”*.

Santa Rita ha percorso questo difficile e duro cammino, l’ha percorso insieme a Gesù ed ha avuto la gioiosa esperienza della leggerezza del peso e della dolcezza della fatica. “*Quando uno ama* – ha scritto sant’Agostino – *o non si fatica o, se si fatica, questa stessa fatica è amata*” (*La dignità dello stato vedovile* 21, 26).

Suor Rita

"Il vero incontro con Dio, affermano alcuni, si attua nell'apertura verso il prossimo: la preghiera non sarebbe, perciò, un sottrarsi alla dissipazione del mondo per raccogliersi nel dialogo con Dio; essa si esprimerebbe piuttosto nell'impegno incondizionato di carità verso gli altri. Preghiere autentiche sarebbero perciò le opere di carità ed esse soltanto. In realtà l'essere umano, che in quanto creatura è in se stesso incompleto e indigente, si volge spontaneamente verso Colui che è la sorgente di ogni dono, per lodarlo, per supplicarlo e cercare in Lui l'appagamento della struggente nostalgia che brucia nel suo cuore. Lo aveva ben capito S. Agostino quando annotava: " Ci hai fatto per te, o Signore, e il nostro cuore non ha pace finché non riposa in te".

E tale è stata la vita monastica di Suor Rita per quarant'anni. La preghiera di lode e di supplica; la mistica contemplazione delle sofferenze del Redentore, tradotte nella carità viva, attiva, pronta a soccorrere materialmente e spiritualmente chi aveva bisogno di lei, dentro e fuori le mura. E questa carità si innalzò tanto dal partecipare alle sofferenze del Cristo sulla croce, per il bene dell'anima e dei corpi di quanti contemporanei e devoti di oggi a lei si rivolgono.

Gli occhi che hanno visto Dio nell'ardore della

preghiera di contemplazione, possono rivolgersi verso i fratelli e vederli con gli occhi di Dio che comunicano serenità, bontà, pace e amore.

La vita di Rita è sempre stata ispirata dagli insegnamenti del Vangelo e della Chiesa. Se queste due direttive non l'avessero guidata passo passo, Rita non avrebbe potuto affrontare tutte le prove che le si sono presentate.

Rita non è nata con l'aureola, ma creatura fragile come te, che ha sperimentato la durezza della vita come te, che ha assaporato e vissuto le asprez-

Roccaporena: Orto del miracolo

ze del cammino, ma saputo riconoscere la via che dalla porta stretta l'ha portata a diventare per noi oggi, modello da onorare e imitare.

Prova anche tu a starle appresso, ti sorreggerà quando le tue forze verranno meno, ti conforterà quando ti sentirai afflitta, ti farà compagnia quando ti sentirai sola, ti aiuterà a portare il peso dei giorni tristi e ti accompagnerà perché anche tu, come lei, goda la pace dell'anima.

Vogliamo chiudere questo breve capitolo con le parole ispirate del Papa Giovanni Paolo II, che, con la testimonianza della vita, ci ha insegnato cosa significhi vivere per Cristo, con Cristo, in Cristo: vivere cioè crocifissi con Lui, che non vuol dire "morire", ma "vivere", come viva era la folla immensa che gli ha testimoniato affetto, simpatia e tanto amore. Come Cristo ha amato la Chiesa e ha dato la sua vita per essa perché fosse senza ruga e macchia, così Giovanni Paolo II ha offerto la sua vita per la Chiesa e per tutto il mondo.

Facciamo nostre le parole del Papa, e, rivolgendoci a santa Rita, nostra sorella, le diciamo, con tutto il bene che le vogliamo:

"Grazie a te, donna-figlia e donna sorella,
che porti nel nucleo familiare
e poi nel complesso della vita sociale
le ricchezze della tua sensibilità,

della tua intuizione,
della tua generosità e della tua costanza.

Grazie a te, donna-sposa,
che unisci irrevocabilmente il tuo destino
a quello di un uomo,
in un rapporto di reciproco dono,
a servizio della comunione e della vita.

Grazie a te, donna- madre,
che ti fai grembo dell'essere umano
nella gioia e nel travaglio
di un'esperienza unica,
che ti rende sorriso di Dio per il bimbo
che viene alla luce,
ti fa guida dei suoi primi passi,
sostegno della sua crescita,
punto di riferimento
nel successivo cammino della vita.

Grazie a te, donna-consacrata,
che sull'esempio della più grande delle donne,
la Madre di Cristo, Verbo incarnato,
ti apri con docilità e fedeltà all'amore di Dio,
aiutando la Chiesa e l'intera umanità
a vivere nei confronti di Dio
una risposta "sponsale",
che esprime meravigliosamente
la comunione che Egli vuole stabilire
con la sua creatura. Amen.

Chiostro di santa Rita

Guida dei luoghi sacri

Monastero di santa Rita da Cascia

Il monastero di santa Rita, al tempo della Santa si chiamava «monastero di santa Maria Maddalena». Le agostiniane vi si sono stabilite nel Duecento. Nel tempo vi sono state notevoli modifiche; parte del complesso attuale fu costruito grazie alle offerte inviate dal re del Portogallo Giovanni V, il cui stemma si trova sopra l'ingresso di sinistra del monastero stesso, da dove i pellegrini escono al termine della visita.

I pellegrini accedendo da un portale e da una breve rampa si immettono subito in un chiostro quattrocentesco, ricco di ricordi ritiani. Su di esso si aprono le finestre delle antiche celle delle monache; ma non quella di santa Rita.

Nel chiostro ci sono: il pozzo, a cui al tempo di santa Rita, la comunità attingeva acqua; la *vite miracolosa* che, sarebbe nata, secondo la tradizione, dal bastone secco fatto innaffiare alla Santa per obbedienza alla badessa; le piccole celle delle *api murarie* sulla parete posta di fronte al pozzo. Si tratterebbe, secondo i fioretti, di quelle api eredi che un giorno a Roccaporena, entrarono e uscirono di bocca alla neonata senza recarle alcun danno e fastidio. Esse fuoriescono dalla parete per brevi periodi dell'anno, specialmente quando è caldo, e sono diverse da quelle normali poiché non hanno il pungiglione e sono di colore grigiastro.

Da una porta a destra della vite si entra nell'antico coro dove, secondo la tradizione, Rita fu prodigiosamente trovata in preghiera, dalle monache, entrata in monastero a porte chiuse. Qui ella fece la professione religiosa di agostiniana. Gli affreschi sulle pareti risalgono al 1595, inoltre sono appese sei tele del sec. XVIII che rappresentano alcune scene rilevanti della vita di santa Rita: l'episodio delle api, l'ingresso in monastero, la sua vestizione monacale, la ferita in fronte da una spina del Crocifisso, la Santa che implora d'andare pellegrina a Roma e la scomparsa della ferita, il ritorno dal pellegrinaggio a Roma e la ricomparsa della stigmata. Uscendo dal chiostro, per la porta a sinistra della vite, una scala conduce al piano delle celle. Si percorre subito una rampa all'aperto, circondata di rose, e affiancata alla destra dall'ex orfanotrofio: l'alveare delle apette (ragazze qui accolte, ospitate ed educate dalle monache). Questa opera è nata durante la seconda guerra mondiale per iniziativa della Beata Maria Teresa Fasce. La Madre, come era semplicemente chiamata, si prodigò nell'accogliere quante erano in difficoltà e le venivano affidate. È questa una delle opere da lei volute nel lanciare nel mondo il culto della consorella Rita. Attualmente l'alveare è ancora guidato dalle monache, coadiuvate da assistenti sociali, collaboratrici, insegnanti ed un confessore.

Si giunge così fino al luogo ove la tradizione colloca il Crocefisso della stigmata. Si tratta di un piccolo oratorio. Sulla parete a destra dell'ingresso vi è un affresco raffigurante un Crocifisso molto danneggiato dal tempo e dall'umidità e una statua, raffigurante santa Rita in estasi. Fu qui posta nel 1957 ed è opera dello scultore Antonio Biggi.

Tornando indietro per il viottolo ci si dirige verso la celletta di santa Rita. Si tratta di una piccola cameretta dove la Santa passò la sua vita monastica, fu inferma, secondo la tradizione ricevette da una sua parente la rosa da lei richiesta e sbocciata in pieno inverno nell'orto di Roccaporena, e dove morì. Questa cameretta misura m. 3,43 per 2,57.

Al centro della stanza si conserva il sarcofago del 1457, realizzato su committenza della famiglia Barbari, che porta dipinto ben due volte l'immagine più realistica della Santa. Al centro domina Cristo nella tomba e a sinistra santa Maria Maddalena, a destra Rita che tiene in mano la spina. Sullo spiovente è rappresenta la santa nel sonno della morte. Dietro la testa della santa vi è l'epitaffio con la data 1457 (anno di realizzazione). Il sarcofago è composto di due casse: di noce quella esterna, che misura m. 1,80 di lunghezza, m. 1 di altezza e m. 0,57 di larghezza; di pioppo quella interna, che misura m. 1,58 di lunghezza, altezza interna 30 cm, larghezza 40 cm alle spalle e 35 cm ai piedi.

All'interno del coperchio della cassa esterna, parallelamente al dipinto di Rita morta, vi è un dipinto che raffigura l'anima della santa portata in cielo dagli angeli. L'autore dei dipinti fu Giovanni Sparapane da Norcia. In questo sarcofago la Santa fu deposta con tutta la prima cassa dieci anni dopo la morte e vi fu conservata fino al 1745. In quel-l'anno difatti fu traslata nell'urna, donata dalla famiglia Malaspina di Ascoli Piceno, che ora si trova nella celletta accanto, insieme all'anello

Roseto di santa Rita

nuziale e a una parte del rosario di santa Rita. In questa urna il corpo della Santa è rimasto fino al 1930, quando è stata traslata in quella d'argento e cristallo dell'attuale basilica - santuario.

All'uscita, adiacente alla cameretta, vi è il roseto che secondo la tradizione le monache trapiantarono, dopo il miracolo della rosa e dei fichi, prendendone parte dall'orto di Roccaporena. D'estate spesso il visitatore vi può sentire il profumo intenso che le piccole e delicate roselline di color rosa tenero emanano. Uscendo dal monastero a destra e sinistra i due parlatori, ove le consorelle di Rita accolgono i devoti.

La seconda cassa

La Basilica-Santuario

L'attuale basilica-santuario, iniziata nel 1937, secondo il progetto dell'architetto milanese mons. Spirito Maria Chiapetta, ingegnere del Vaticano, fu portata a termine, con sostanziali modifiche sul disegno originario, dall'ing. Giuseppe Calori e dall'arch. Giuseppe Martinenghi, entrambi milanesi; è stata consacrata e aperta al pubblico il 18 maggio 1947 ed eretta a basilica da papa Pio XII il 1 agosto 1955.

Essa fu costruita accanto alla vecchia chiesa, restaurata nel 1707 su progetto dell'architetto Francesco Antonio Bufalini di Norcia, nella quale santa Rita fu venerata fino al 1947.

Sui due pilastri del portale di ingresso sono stati riprodotti in altorilievi alcuni episodi della vita di santa Rita ad opera dello scultore milanese Eros Pellini. Egli iniziò i vari lavori per il Santuario nel 1939 e vi fu occupato per dieci anni circa.

Negli otto pannelli del portale d'ingresso fatto in noce, sono riprodotti alcuni santi legati alla vita di sant'Agostino e all'Ordine agostiniano.

L'interno del Santuario, a pianta centrale con navata principale a croce greca absidata, è totalmente decorato da artisti moderni.

Entrando si segnalano subito: la via crucis in marmo di Carrara, opera dello scultore Pellini; la cupola, dipinta dal pittore Luigi Montanarini (1950 - 1956), dove è affrescata al centro l'apoteosi dello Spirito Santo.

L'abside centrale è in realtà la cappella del SS. Sacramento ed è stata affrescata da Luigi Filocamo (1949 - 1950). Nel catino domina l'ultima Cena vegliata da quattro angeli, che portano i simboli della cena pasquale.

Il Presbiterio è stato ristrutturato interamente nel 1981 per il VI centenario della nascita di santa Rita. L'altare, i candelieri, l'ambone, la croce e il tabernacolo sono realizzati in bronzo dorato da Giacomo Manzù (in realtà la santa è nata nel 1371) mentre i sedili in bronzo per celebranti e le vetrate con scene di miracoli eucaristici, sono opera di A. Marrocco (1980 - 1981).

L'abside di sinistra, dove è situata la cappella con l'urna di santa Rita è stata affrescata da Ferruccio Ferrazzi (1950 -1951). Nel catino campeggia maestosa la glorificazione della santa attorniata da angeli osannanti. Rita è dipinta seduta ai piedi di Cristo, col capo sulle sua ginocchia, in una abbandono totale e confidenziale. Le sue mani giunte danno l'idea del suo intercedere presso il Signore per i tanti devoti. Le stesse braccia spalancate del Cristo, con le mani trafitte, sembrano aperte all'accoglienza.

Dietro la grande grata vi è il tempietto con l'urna d'argento e cristallo contenente il corpo della santa. Esso è situato su un maestoso basamento di marmo la cui parte anteriore riproduce santa Rita dispensatrice di grazie, realizzata dallo scultore Eros Pellini. Le colonne che sorreggono il matroneo sono rivestite con mosaico a tessere d'oro.

Sulle pareti della cappella della santa, a coronamento della sua urna sono disposti i dipinti su tela

Cascia: Basilica di Santa Rita

di G. Battista Galizzi di Bergamo. Vi sono raffigurati, come su grandi lavagne educative, gli episodi salienti della vita di santa Rita.

L'abside di destra, la cappella della Madonna della Consolazione, è stata affrescata da Gisberto Ceracchini (1952 - 1953). Nel catino vi è la scena dell'Assunzione della Madonna. L'altare presenta una pala della Madonna della Consolazione seduta in trono, con il Bambino sulle ginocchia e ai lati sant'Agostino e santa Monica, opera del ticinese Giuseppe Valerio Egger (1947). Questa cappella è di solito riservata alla corale nelle solenni funzioni.

Le vetrate, realizzate sui cartoni del pittore Silvio Consadori, dalla ditta di Luigi Tovarotto di Milano, rappresentano episodi della vita della Madonna.

L'abside d'ingresso è opera del pittore Silvio Consadori (1951-1956), che vi ha affrescato l'esaltazione della santa Croce e scene della vita e della passione di Gesù.

II pulpito, in noce massiccio, fu eseguito nel 1949 su disegno dell'arch. Martinenghi, mentre le sculture sono di Emilio Monti di Milano.

Ai lati del portale d'ingresso sono collocati gli altari di san Giuseppe e di san Lucia, eseguiti nel 1953 rispettivamente da Vincenzi Cesarino e Silvio Consadori.

Uscendo dalla basilica, scendendo a sinistra vi

è l'ingresso della penitenzieria, opera degli architetti R. Scrimieri, F. Genco, M. Caproni; questa è stata inaugurata il 10 Maggio 1986.

La fontana all'ingresso e tutte le opere d'arte che decorano le varie sale dell'itinerario penitenziale (all'ingresso il gruppo del *Figliol Prodigo* e al termine del cammino penitenziale il *Risorto*), sono di A. Marrocco (1983). All'interno della penitenzeria il fedele è invitato a prepararsi alla confessione e alla meditazione con la lettura e l'ascolta di brani del vangelo e testi meditati. Per questo la penitenzeria nel pieno rispetto del silenzio e del sacramento della riconciliazione è dotata di diversi ambienti destinati ai vari momenti preparatori.

Uscendo dalla penitenzeria e scendendo ancora un poco, si giunge nella basilica inferiore o cripta. Questa, rinnovata dai tre architetti suddetti recentemente, è a croce greca. Sull'altare maggiore vi è la pala con l'immagine del sacro Cuore di Gesù, opera di Luigi Filocamo. Il paliotto con l'ultima Cena e i santi in bassorilievo dislocati ai quattro bracci della basilica sono di E. Pellini (1946).

L'altare, i sedili, l'ambone, la croce in marmo policromo sono di A. Marrocco (1988), che ha realizzato anche le vetrate e curato la sistemazione del transetto destro.

Qui, utilizzando la pietra gialla di Siena, ha dato degna collocazione alla reliquia del miracolo

Eucaristico (1330) e alle spoglie del beato agostiniano Simone Fidati da Cascia (1285 c.a -1348).

Sempre sulla destra si apre la sala del tesoro, contenente gli ex-voto per santa Rita.

Nel transetto sinistro vi è l'urna, opera di A. Marrocco (1998), con il corpo della beata Maria Tersa Fasce (1881-1947), abbadessa per 27 anni del monastero di santa Rita, iniziatrice delle opere ritiane in Cascia e della costruzione del nuovo santuario.

MIracolo Eucaristico

I luoghi di Roccaporena

Venendo da Cascia, all'ingresso di Roccaporena, si incontra a destra il cimitero del paese. Al centro si ritrova la tomba di mons. Giacomo Antonelli, che dal 1913 al 1957 fu il parroco del centro. Egli con l'ausilio di mons. Settimio Peroni, allora vescovo di Norcia, e del prof. Gerardo Bruni, fondò l'Opera di santa Rita a Roccaporena, destinata alla cura dei luoghi e alle iniziative caritative in nome della santa.

Proseguendo, all'inizio del paese, a destra, si trova la casa nuziale di santa Rita. Si tratta della citata *domuncola*, ove Rita visse parte della sua vita coniugale di sposa e madre. Il cardinale Fausto Poli, che patrocinò la causa di beatificazione, la trasformò in cappella nel 1630. Entrando sull'altare vi è una tela raffigurante la stigmatizzazione di Rita, essa è stata attribuita da alcuni al pittore napoletano Luca Giordano. Le pietre del muro perimetrale sono del tempo della santa. Una di esse è stata incastonata con una reliquia della Santa in un artistico reliquiario, che ogni anno viene consegnato ad una parrocchia dove si zela il culto.

A pochi metri dalla *domuncola* vi è il lazzaretto. Si tratta dell'antico ospedale dei forestieri, dove secondo la tradizione Rita visitava ed assisteva i malati. Esso è stato restaurato nel 1952 dall'Opera di Roccaporenza. All'interno vi è un' affresco raffigurante l'annunciazione datato 1533. A sinistra si notano le figure di san Montano, patrono del borgo, e di santa Lucia. Nella stanza interna si scorge un altro affresco raffigurante la traslazione della santa Casa a Loreto.

Al lato dell'uscita una indicazione conduce all'orto del miracolo, ove secondo la tradizione fiorirono per la Santa in inverno la rosa ed i fichi maturi. Sotto una grotta, ormai annerita dai ceri e riempita dai biglietti dei fedeli, vi è il gruppo bronzeo opere del Maleci (1941) che ricorda il prodigio.

Prendendo la discesa a destra dell'orto si ritorna tramite un sentiero naturale giù al centro abitato e ci si ritrova nei pressi della casa natia della santa, o almeno quella che viene indicata dalla tradizione. Si tratta di una costruzione di recente ripulita, che si articola su più piani.

Attraversando la strada si può accedere agli ultimi due ambienti ritiani a Roccaporena. Il nuovo santuario e la vecchia chiesa di San Montano.

Il santuario è stato costruito dall'Opera santa Rita su disegno dell'architetto torinese Oreste della Piana, e aperto al culto nel 1946. Nel pronao, guardando verso lo scoglio della preghiera vi è la statua della santa, vestita da popolana, opera dello scultore romano Venanzo Crocetti (1967). Due cappelle affiancano il santuario. In quella a destra, si conserva la reliquia del manto in pelle della Santa. Il reliquiario che la contiene è opera del cesellatore Alessandro Terragni di Milano su disegno dell'arch. Romano Mario Leopardi. In fondo le vetrate policrome del 1956 di Anna Panicati di Milano, rappresentano: sant'Agostino, santa Rita, san Giacomo della Marca, san Benedetto, la Vergine col bambino, san Vincenzo.

L'interno del santuario a tre navate con sovrastante matroneo, è stato arricchito nel 1967 con mosaici di santi, di Giordano Righini, su disegni del pittore Ermanno Politi, entrambe torinesi.

Uscendo dal santuario sulla sinistra si trova l'istituto, per l'accoglienza ed educazione dei ragazzi. Vi si ospitano ragazzi provenienti da tutta Italia, guidati dai sacerdoti diocesani. Vi si trova una scuola elementare, una media e una professionale.

Alle spalle del santuario è la chiesa di san Montano che risale all'epoca della santa. È qui che sposò Paolo e vennero sepolti tutti i suoi cari. Nell' abside è rappresentata l'incoronazione della Vergine del XVI secolo. A sinistra vi è un dipinto di santa Rita insieme a san Montano e santa Maria Maddalena. Di fronte all'acquasantiera vi è invece dipinta la Santa che prega il crocifisso insieme a sant'Antonio da Padova

Maestoso si erge all'ingresso del borgo, di fronte alla *domuncola*, lo scoglio della preghiera. Alto circa 120 m. vi si accede attraverso un percorso nel verde. Salendo degli scalini, intervallati dalle 14 stazioni della via crucis. Qui secondo la tradizione

Rita saliva a pregare sentendosi più vicina a Dio.

Nel 1919 vi fu costruita una cappella che racchiuse la roccia della preghiera. Nel 1941 essa fu restaurata, ma crollò nel terremoto del 1979 e venne interamente rifatta su progetto dell' arch. Riccordo Leoni ed inaugurata nel 1983.

Tornando verso Cascia guardando dalla *domuncola* in alto spicca una grotta con croce luminosa. È la grotta d'oro o della Sibilla. Qui secondo la tradizione una sibilla avrebbe profetizzato la nascita di Rita. La croce che si illumina di notte è stata posta nel 1957.

Lasciando il centro abitato proseguendo per Cascia in una vallata si scorge un rudere. Si tratta del mulinaccio, ove secondo ipotesi recente Rita e Paolo vissero dalla conversione di lui fino alla sua morte.

Appendice

Santa Rita, segno dell'amore di Dio

Cari Concelebranti, fratelli e sorelle nel Signore!

Il Grande Giubileo del 2000 sta richiamando a Roma folle di fedeli in preghiera, per celebrare il grande dono della venuta al mondo del Redentore e per rinnovare la propria fede in Cristo e nella Santa Chiesa, che ne continua l'opera fino alla fine dei secoli.

In questo devoto pellegrinaggio avete voluto inserirvi anche voi, devoti di Santa Rita, provenienti da Cascia, dall'Umbria e da varie regioni del mondo.

Qui siete voluti venire portando con voi le venerate spoglie della Santa, ricordando quel lontano 24 maggio del 1900, allorquando il Papa Leone XIII di v.m. l'elevava agli onori degli altari e la proponeva come modello di vita cristiana alle generazioni di questo secolo ed a quelle future.

1. Una presenza di Dio

Entrando in questa splendida piazza di S. Pietro, voi avete cantato l'inno della Santa: «Ogni stagione del mondo / attraversa una notte / e l'uomo sempre si sente/ smarrito e bambino, / sente il bisogno di stelle, / segni d'amore nel cielo, / e il Signore le accende, / nel cielo lassù».

Santa Rita è un segno di quest'amore di Dio. La

storia della Chiesa è segnata da tante figure meravigliose di uomini e donne, che sono diventate per noi una prova della potenza santificante della Grazia di Cristo ed un incoraggiamento a proseguire nel nostro cammino.

Questo è anche il messaggio che Santa Rita da Cascia da più di cinque secoli trasmette a tanti uomini e donne nell'Italia e nel mondo. È il messaggio della santità che può fiorire in ogni condizione sociale. È il messaggio della conformità totale alla Volontà di Dio, anche nell'ora del dolore.

2. L'abbandono in Dio

Nel Vangelo abbiamo ascoltato la parola di Gesù: «Ogni tralcio che porta frutto il Padre mio lo pota, perché ne porti ancor più» (Gv 15, 2). La potatura a cui fu sottoposta la giovane Rita da Cascia fu molto profonda. Essa però si abbandonò totalmente nelle mani del Signore. Come è riportato nell'iscrizione dell'urna in cui riposa, «tucta allui se diete», tutta a Lui si diede. Per Gesù visse ed operò. Come il Crocifisso soffrì e perdonò, ricordando sempre le parole di Gesù in croce: «Padre, perdona loro, perché non sanno quello che fanno» (*Lc* 23, 34).

Questa fu la sua spiritualità come sposa e come madre. Questo fu il suo atteggiamento interiore nei lunghi anni - circa quaranta - passati nel Monastero di S. Maria Maddalena. Essa seppe ritrovare nella preghiera il respiro della speranza e nell'abbandono nelle mani di Dio Padre il segreto della sua serenità in ogni prova.

Così la vediamo di fronte all'uccisione dello sposo ed alla tragedia della peste che la priva dei suoi figli. Così la contempliamo nella pace del convento, in totale adesione alla volontà di Dio. Con Dante, la Santa avrebbe potuto ripetere: «In sua voluntate è nostra pace».

3. Come in cielo

Nelle prime tre domande del «Padre nostro» Gesù ci ha invitato ad elevare il nostro sguardo verso il Padre: al suo Nome, al suo Regno, alla sua Volontà, a quella sua volontà che deve attuarsi sulla terra, come essa si realizza nel cielo. San Giovanni Crisostomo così commentava: «perché la terra non sia diversa dal cielo» (*omelia su san Matteo* 19, 5)!

Alla scuola di sant'Agostino, la nostra Santa aveva imparato a vedere in Gesù il modello perfetto dell'adesione alla volontà del Padre. Leggiamo infatti, in sant'Agostino, nel suo commento al «Padre nostro»: «Possiamo anche, senza offendere la verità, dare alle parole: «sia fatta la tua volontà come in cielo così in terra» questo significato: sia fatta la tua volontà nella Chiesa come nel Signore nostro Gesù Cristo, sia fatta nella Sposa ciò che si è fatto nello Sposo, che ha compiuto la volontà del

Padre» (*De Sermone Domini in monte*, 2, 6).

4. Le nostre rose

Cari devoti di santa Rita, siete qui convenuti per celebrare il vostro Giubileo. Molti hanno portato con sé anche una rosa, il fiore tanto caro alla nostra Santa e che ben rappresenta l'ideale della sua vita: tutto per amore, solo per amore. Ma la rosa più bella che possiamo oggi portare con noi è quella del nostro amore a Cristo ed alla Sua Santa Chiesa. Sarà il frutto più bello del Giubileo.

Con questo spirito era venuta qui, presso la tomba di S. Pietro, la nostra Santa, insieme alle altre Agostiniane del suo convento, in occasione della canonizzazione di fra Nicola da Tolentino, il 5 giugno del 1446. Qui aveva rinnovato la sua fede e si era rinnovata nella preghiera. Sia così anche per tutti voi!

5. Conclusione

Ritornerete così alle vostre case portando con voi il ricordo di questa giornata luminosa, confortati anche dalla Benedizione del Papa, che presto sarà in mezzo a noi.

Il Papa Urbano VIII, che da Vescovo di Spoleto, aveva ben conosciuto l'irradiazione spirituale che proveniva dalla grande figura della religiosa di Cascia, l'aveva proclamata Beata il 1° luglio 1628. Il Papa Leone XIII la canonizzava poi agli albori di questo secolo, il 24 maggio del 1900.

Giovanni Paolo II si unirà fra breve alla nostra comune preghiera, affinché la grande Santa di Cascia continui ad intercedere per tutti noi, perché possiamo essere fedeli alla nostra vocazione cristiana, trasmettendo la fiaccola della nostra fede alle generazioni del Terzo Millennio. E così sia!

Omelia del cardinale Angelo Sodano,
pellegrinaggio dei devoti
di santa Rita da Cascia
Sabato, 20 maggio 2000

Santa Rita pellegrina illustre

Carissimi Fratelli e Sorelle!

1. Sono lieto di porgervi un cordiale benvenuto e di manifestarvi la mia gioia per il singolare evento che ci ha qui raccolti. Siete giunti numerosi per compiere il vostro pellegrinaggio a Roma e varcare la Porta Santa del Grande Giubileo. Saluto il caro Monsignor Riccardo Fontana, Arcivescovo di Spoleto-Norcia, e lo ringrazio per le parole ed i voti augurali che a vostro nome mi ha rivolto. Saluto i Padri Generali, i Religiosi e le Monache dell'Ordine di sant'Agostino, come pure le Autorità presenti di ogni ordine e grado. Questa vostra presenza mi richiama alla memoria la sosta che ho avuto modo di compiere vent'anni fa nel Comune di Cascia, per visitare le popolazioni colpite dal sisma del 1979.

Tra di noi oggi vi è una pellegrina illustre che, dal cielo, si unisce alla nostra preghiera. È santa Rita da Cascia, le cui spoglie mortali, trasportate a Roma dalla Polizia Italiana, accompagnano le schiere dei devoti che l'invocano con affettuosa familiarità ed a lei manifestano con fiducia i problemi e le angosce che pesano sul loro cuore.

Il santuario di Cascia oggi si è come trasferito in Piazza san Pietro. E a venerarla siete venuti voi, cari pellegrini, da ogni parte del mondo. Insieme con lei, voi intendete rinnovare al Vicario di Cristo, come ella fece, quand'era in vita, i sentimenti più profondi di fedeltà e di comunione.

I resti mortali di santa Rita, che quest'oggi qui veneriamo, costituiscono una testimonianza significativa dell'opera che il Signore compie nella storia, quando trova cuori umili e disponibili al suo amore. Noi vediamo il corpo esile di una donna piccola di statura ma grande nella santità, che visse nell'umiltà ed ora è nota nel mondo intero per la sua eroica esistenza cristiana di sposa, di madre, di vedova e di monaca. Radicata profondamente nell'amore di Cristo, Rita trovò nella sua fede incrollabile la forza per essere in ogni circostanza donna di pace.

Nel suo esempio di totale abbandono a Dio, nella sua trasparente semplicità e nella sua granitica adesione al Vangelo è possibile anche a noi trovare le indicazioni opportune per essere cristiani autentici in quest'alba del terzo millennio.

2. Ma qual è il messaggio che questa Santa ci trasmette? È un messaggio che emerge dalla sua vita: umiltà ed obbedienza sono state la via sulla quale Rita ha camminato verso un'assimilazione sempre più perfetta al Crocifisso. La stigmata che brilla sulla sua fronte è l'autenticazione della sua maturità cristiana. Sulla Croce con Gesù, ella si è in certo modo laureata in quell'amore, che aveva già conosciuto ed espresso in modo eroico tra le mura di casa e nella partecipazione alle vicende della sua città.

Seguendo la spiritualità di sant'Agostino, si fece discepola del Crocifisso ed «esperta nel soffrire», imparò a capire le pene del cuore umano. Rita diventò così avvocata dei poveri e dei disperati, ottenendo per chi l'ha invocata nelle più diverse situazioni innumerevoli grazie di consolazione e di conforto.

Rita da Cascia fu la prima donna ad essere canonizzata nel Grande Giubileo dell'inizio del secolo ventesimo, il 24 maggio 1900. Nel decretarne la santità, il mio Predecessore Leone XIII osservò che ella piacque a Cristo, tanto che la volle insignire con il sigillo della sua carità e della sua passione. Un simile privilegio le fu accordato per la sua umiltà singolare, per l'interiore distacco dalle brame terrene e per l'ammirabile spirito penitenziale che accompagnarono ogni momento della sua vita

3. Mi piace quest'oggi, a cent'anni dalla sua canonizzazione, riproporla come segno di speranza specialmente alle famiglie. Care famiglie cristiane, imitando il suo esempio, sappiate anche voi trovare nell'adesione a Cristo la forza per portare a compimento la vostra missione al servizio della civiltà dell'amore!

Se chiediamo a santa Rita quale sia il segreto per questa straordinaria opera di rinnovamento sociale e spirituale, essa ci risponde: *la fedeltà all'Amore crocifisso*. Rita con Cristo e come Cristo giunge alla Croce sempre e solo per amore. Come lei, allora, volgiamo lo sguardo e il cuore a Gesù morto sulla croce e risorto per la nostra salvezza. È lui, il nostro Redentore, che rende possibile, come fece per questa cara Santa, la missione di unità e di fedeltà che è propria della famiglia, anche nei momenti di crisi e di difficoltà. È ancora lui che rende concreto l'impegno dei cristiani nel costruire la pace, aiutandoli a superare i conflitti e le tensioni, purtroppo così frequenti nella vita quotidiana.

4. La Santa di Cascia appartiene alla grande schiera delle donne cristiane che «hanno avuto significativa incidenza sulla vita della Chiesa, come anche su quella della società» (Lett. ap. *Mulieris dignitatem*, 27). Rita ha bene interpretato il «genio femminile»: l'ha vissuto intensamente sia nella maternità fisica che in quella spirituale.

Ricordavo, nel sesto centenario della sua nascita, che la sua lezione «si concentra su questi elementi tipici di spiritualità: l'offerta del perdono e l'accettazione della sofferenza, non già per una forma di passiva rassegnazione [...], ma per la forza di quell'amore verso Cristo che proprio nell'episodio della coronazione ha subìto, con le altre umiliazioni, un'atroce parodia della sua regalità»

Carissimi Fratelli e Sorelle, nel mondo la devozione a santa Rita è simboleggiata dalla rosa. È da sperare che anche la vita di tutti i suoi devoti sia come la rosa raccolta nel giardino di Roccaporena nell'inverno che precedette la morte della Santa. Sia, cioè, una vita sostenuta dall'amore appassionato per il Signore Gesù; un'esistenza capace di rispondere alla sofferenza e alle spine con il perdono e il dono totale di sé, per diffondere ovunque il buon profumo di Cristo (cfr *2 Cor* 2, 15), mediante l'annuncio coerente e vissuto del Vangelo. A ciascuno di voi, cari devoti e pellegrini, Rita riconsegna la sua rosa: ricevendola spiritualmente, impegnatevi a vivere come testimoni di una speranza che non delude, e missionari della vita che vince la morte.

5. Carissimi Fratelli e Sorelle, invoco su di voi la protezione di Maria, in questo mese a Lei particolarmente dedicato. Per sua intercessione, per intercessione anche di santa Rita e san Benedetto siano concesse tutte le grazie necessarie a voi e ai vostri cari. Vi assicuro per questo la mia preghiera, mentre di cuore tutti vi benedico.

Bibliografia

Documentazione Ritiana Antica, (D.R.A.) Volumi IV a cura del Monastero di Cascia, 1968.

V. Giorgetti - A. Serantoni, *I podestà di Cascia nel Medioevo, Aspetti e problemi del comune nei secoli XIII- XVIII*, L'etruria, Cortona 1989.

M.Franceschini, Memorie Storiche di Cascia in D.R.A. Vol. III.

V. Giorgetti - O. Sabatini, *Rita da Cascia, tra storia e tradizione,* Edimond 2002.

Agostino Trapè, *S. Rita e il suo messaggio*, Ed. Paoline 1

V. Giorgetti, O. Sabatini, S. di Ludovico, *L'ordine agostininano a Cascia. Nuovi dati storici sulla vita di Santa Rita e di altri illustri agostiniani*. Ed. Quattroemme, Perugia 2000.

Testi di S. Agostino dalla *Nuova biblioteca Agostiniana,* Edita dalla Città Nuova.

A. Cavallucci, *Vita della Beata Rita*, Siena 1610 in D.R.A. Vol. I.

V. Peri, *Rita da Cascia*, Velar 1992.

D.Trapp, *L'archivio Notarile di Santa Rita*, Vol. IV in D.R.A.

T. De Herrera, *Alphabetum Augustinianum II*, Madrid 1664
F. Cuomo, *Santa Rita degli Impossibili*, Piemme 1997.

N. Simonetti, *Vita della B. Rita*, manoscritto 1697.

Archivio Arcivescovile di Spoleto (A.A.S), *Processi Antichi* e *Statuti di Cascia,* Libro III.

Y. Chiron, *La vera storia di Santa Rita,* Ellenici 2002.

L. Vannutelli, *Richiamo alla storia*, Perugia, 1925 in D.R.A. Vol. III.

L. Vannutelli, *Breve Racconto,*1628, in D.R.A. Vol. I.

O. Zacchi, *Ricognizione del corpo di santa Rita da Cascia,* ms. archivio OSA, Roma, 1972.

G. Bruni, *Rita la Rosa di Roccaporena*, Opera S. Rita 1992. Bollettino *Dalle Api alle Rose,* Raccolta presso la biblioteca dei padri agostiniani di Cascia.

AA.VV., *Arte e Architettura nel Santuario di Cascia*, Voll. IX; Monastero S. Rita, 2000.

Le preghiere a santa Rita

Nel nome del Padre, del Figlio e dello Spirito Santo Amen.

Preghiera per le associazioni in onore di santa Rita

O Padre, che sei buono sopra tutto ciò che è buono, bello sopra tutto ciò che è bello, nel quale si trova la calma, la pace e la concordia, degnati di riparare i dissensi che ci separano gli uni dagli altri, e di ricondurci a una unità di amore che rassomigli alla tua sublime armonia.

E come Tu sei sopra tutte le cose, unisci noi nell'unanimità di un buono spirito, in modo che, mediante la carità e i vincoli dell'affetto, noi siamo spiritualmente una cosa sola, nella tua pace che riempie tutte le cose di pace, nella grazia, nella misericordia, nella bontà del tuo unico Figlio.

Amen.

Gloria al Padre

Preghiera a santa Rita per i malati

O Dio Padre onnipotente, che manifesti la tua bontà con la tua provvidenza e misericordia, ascolta benevolmente la preghiera che ti rivolgiamo, per l'intercessione di santa Rita, tua serva fedele e nostra particolare protettrice.

Soccorri, o Signore, le persone malate che ricorrono a te con fiducia e per le quali umilmente chiediamo ora il tuo intervento.

(momento di silenzio)

Dona loro forza nella prova, conforto nel dolore, conformità al tuo disegno d'amore.

O santa Rita, che durante la tua vita fosti così vicina alle persone inferme, le confortasti con le tue parole di pace e carità, intercedi presso Dio per queste persone bisognose perché sostengano con pazienza la prova a cui si trovano sottoposte e riacquistino la piena salute, se questo grande favore, che tanto desideriamo, è conforme al volere di Dio.

O santa Rita, che tante volte ci hai mostrato la tua valida intercessione, aiutaci in questo particolare momento di bisogno, in particolare dona pace e speranza a quanti stanno accanto ai nostri malati perché vincano il male con il bene e sappiano trasformare anche le più tristi vicende in sorgenti di vita eterna.

Santa Rita si innalzi ancora una volta il coro di gratitudine a Dio Padre, che invochiamo con tutta la nostra fede per i meriti infiniti di Gesù Cristo nostro Signore. **Amen.**

Gloria al Padre

Per avere forza di soffrire con Gesù

O gloriosa santa Rita, che partecipasti intensamente alla passione di nostro Signore Gesù Cristo, ottienimi di soffrire con pazienza e con amorosa rassegnazione le pene di questa vita e di essere protetto in tutte le mie necessità.

Gloria al Padre

Preghiera a santa Rita nei casi disperati

O potente santa Rita, chiamata *Santa degli impossibili, Avvocata nei casi disperati, soccorritrice dell'ultima ora, rifugio e scampo nel dolore,* che trascina nell'abisso del delitto e della disperazione, con tutta la fiducia nel tuo celeste potere a te ricorro nel caso difficile e imprevisto, che dolorosamente preme il mio cuore. Dimmi, cara santa Rita, non vorrai tu aiutarmi, non vorrai tu consolarmi? Vorrai allontanare il tuo sguardo, la tua pietà dal mio cuore così provato dal dolore? Anche tu lo sai, tu lo conosci, che significa il martirio del cuore!

Cara Santa, per le pene da te sofferte, per le lacrime amare da te versate, deh! vieni in mio aiuto. Parla, prega, intercedi per me, che non l'oso, presso il Cuore di Dio, Padre di misericordia e fonte di ogni consolazione. Ottienimi quella grazia che desidero, ché essendomi necessaria, la *voglio.* Presentata da te la mia preghiera, da te che sei tanto cara a Dio, sicuramente sarà esaudita.

Di' al Signore, che mi varrò della grazia per migliorare la mia vita ed i miei costumi, e per celebrare in terra ed in cielo la sua divina misericordia. **Amen.**

Santa Rita,
prega per noi.

Il Rosario a santa Rita

Nel nome del Padre, del Figlio e dello Spirito Santo Amen.

PRIMO MISTERO

Santa Rita, tu che godi
Nel bel cielo il Sommo Bene,
Vera amante delle pene
Che soffrì por noi Gesù.

Padre nostro

Sui grani dell'Ave Maria:

Mentre Dio ne accorda vita
Diano tutti laude a Rita.
Sempre, sempre sia lodata
Rita in cielo coronata.

Dopo la decima invocazione: **Gloria al Padre**

SECONDO MISTERO

Imitasti il Nazzareno
Perdonando l'uccisore
Ed i figli con ardore
Incitasti a perdonar.

Padre nostro

Sui grani dell'Ave Maria:

Mentre Dio ne accorda vita...

Dopo la decima invocazione: **Gloria al Padre**

TERZO MISTERO

Resa vedova abbracciasti
Sacro Chiostro, in cui già regge
D'Agostin la dolce legge
Per sacrarti al Sommo Ben.
Padre nostro

Sui grani dell'Ave Maria:
Mentre Dio ne accorda vita
Diano tutti laude a Rita.
Sempre, sempre sia lodata
Rita in cielo coronata.

Dopo la decima invocazione: **Gloria al Padre**

QUARTO MISTERO

Ed il corpo in quell'asilo
Tu stringesti con catene,
Con digiuni ed aspre pene
Per amore di Gesù.
Padre nostro

Sui grani dell'Ave Maria:
Mentre Dio ne accorda vita
Diano tutti laude a Rita.
Sempre, sempre sia lodata
Rita in cielo coronata.

Dopo la decima invocazione: **Gloria al Padre**

QUINTO MISTERO

Quella spina insanguinata
Che trafigge la tua fronte
E per te celeste fonte
Di conforto nel dolor.

Padre nostro

Sui grani dell'Ave Maria:
Mentre Dio ne accorda vita
Diano tutti laude a Rita.
Sempre, sempre sia lodata
Rita in cielo coronata.

Dopo la decima invocazione: **Gloria al Padre**

PREGHIERA

Or che godi in del più bello
Di Gesù l'amabil viso
Volgi a noi il tuo sorriso
Nella valle dei sospir,
Finché la scintilla
Della vita nel dolore,
Fisseremo la pupilla
Nella luce del Signor.

Ci sia caro in questa vita il tuo nome,
o santa Rita.
Tu nei casi disperati sii conforto ai tribolati.

Preghiamo
Gloriosa santa Rita, tu che fosti prodigiosamente partecipe della dolorosa Passione di nostro Signore Gesù Cristo, ottienici di vivere con amore le pene di questa vita, e soccorrici in tutte le nostre necessità.
Per Cristo nostro Signore. **Amen.**

Litanie in onore di santa Rita

Signore, pietà. **Signore, pietà.**
Cristo, pietà. **Cristo, pietà.**
Signore, pietà. **Signore, pietà.**
Cristo, ascoltaci. **Cristo, ascoltaci**
Cristo esaudiscici. **Cristo esaudiscici**

Maria Immacolata, Madre di Dio, **Prega per noi**
Maria, Madre e conforto dei tribolati, ”
Maria, Regina di tutti i santi, ”
Maria, protettrice amorosa di santa Rita ”
Santa Rita, dono eletto del Cielo, ”
Santa Rita, preannunziata da un Angelo, ”
Santa Rita, amante della solitudine, ”
Santa Rita, ammirabile nella fanciullezza, ”

Santa Rita, esemplare di amabilità, **Prega per noi**

Santa Rita, specchio di ubbidienza, ”

Santa Rita, esempio di sposa e madre, ”

Santa Rita, invitta nella pazienza, ”

Santa Rita, mirabile nella fortezza, ”

Santa Rita, eroina del sacrificio, ”

Santa Rita, generosa nel perdono, ”

Santa Rita, martire di penitenza, ”

Santa Rita, ricca di singolare potenza, ”

Santa Rita, astro benefico degli erranti, ”

Santa Rita, vedova santa, ”

Santa Rita, munifica verso i poverelli, ”

Santa Rita, pronta alla divina vocazione, ”

Santa Rita, chiamata con prodigi al Chiostro, ”

Santa Rita, specchio di vita claustrale, ”

Santa Rita, miracolo di mortificazione, ”

Santa Rita, mazzolino di mirra olezzante, ”

Santa Rita, giardino eletto d’ogni virtù, ”

Santa Rita, innamorata di Gesù Crocifisso, ”

Santa Rita, trafitta da spina di Gesù, ”

Santa Rita, amante figlia di Maria santissima, ”

Santa Rita, languente di amor divino,
Prega per noi

Santa Rita, ricevuta con festa in Cielo, ”

Santa Rita, ornata di gloria sublime, ”

Santa Rita, margherita del Paradiso, ”

Santa Rita, vanto dell'ordine vostro, ”

SantaRita, gemma preziosa dell'Umbria, ”

Santa Rita, sicuro conforto dei tribolati, ”

Santa Rita, àncora di salvezza, ”

Santa Rita, scampo nei pericoli, ”

Santa Rita, *Santa degli impossibili,* ”

Santa Rita, *Avvocata dei casi disperati,* ”

Santa Rita. potente soccorritrice di tutti, ”

Santa Rita, taumaturga del mondo, ”

Agnello di Dio, che togli i peccati del mondo.
Perdonaci, o Signore.

Agnello di Dio, che togli i peccati del mondo
Esaudiscici, o Signore.

Agnello di Dio, che togli i peccati del mondo
abbi pietà di noi, o Signore.

Segnasti, o Signore, la tua serva Rita.
Col suggello della tua carità e della tua passione

Preghiamo:

O Dio onnipotente ed eterno, che in santa Rita da Cascia ci hai dato un luminoso esempio di unione a te nella preghiera e di servizio e amore ai fratelli, fa che superando per sua intercessione il nostro egoismo e la pigrizia, possiamo imitarla per sperimentare nella prova il tuo amore misericordioso e la sua fraterna protezione.

Per il nostro Signore Gesù Cristo, tuo Figlio, che è Dio, e vive e regna con te, nell'unità dello Spirito Santo, per tutti i secoli dei secoli. **Amen.**

Novena a santa Rita

Da recitarsi tutta intera per nove giorni consecutivi senza interruzione (se, cioè, un giorno ci si dimenticasse di recitarla è necessario rincominciare da capo, non perché sia una formula magica, ma per esercitare la nostra costanza) a partire dal 13 maggio o tutte le volte che si desidera esprimere la propria devozione a santa Rita o si desidera chiedere una grazia al Signore per sua intercessione.

Nel nome del Padre e del Figlio e dello Spirito Santo. Amen.

O Dio, vieni a salvarmi.
Signore, vieni presto in mio aiuto.
Gloria al Padre

Vieni, Spirito Santo,
manda a noi dal cielo
un raggio della tua luce.

Vieni, padre dei poveri,
vieni, datore dei doni,
vieni, luce dei cuori.

Consolatore perfetto;
ospite dolce dell'anima,
dolcissimo sollievo.

Nella fatica, riposo,
nella calura, riparo,
nel pianto, conforto.

O luce beatissima,
invadi nell'intimo
il cuore dei tuoi fedeli.

Senza la tua forza,
nulla è nell'uomo,
nulla senza colpa.

Lava ciò che è sordido,
bagna ciò che è arido,
sana ciò che sanguina.

Piega ciò che è rigido,
scalda ciò che è gelido,
drizza ciò che è sviato.

Dona ai tuoi fedeli,
che solo in te confidano,
i tuoi santi doni.

Dona virtù e premio,
dona morte santa,
dona gioia eterna. Amen.

Io Credo in **Dio**, **Padre** onnipotente, creatore del cielo e della terra; e in **Gesù Cristo**, suo unico Figlio, nostro Signore, il quale fu concepito di Spirito Santo, nacque da Maria Vergine, patì sotto Ponzio Pilato, fu crocifisso, morì e fu sepolto; discese agli inferi; il terzo giorno risuscitò da morte; salì al cielo, siede alla destra di Dio Padre onnipotente: di là verrà a giudicare i vivi e i morti.

Credo nello **Spirito Santo**, la santa Chiesa cattolica, la comunione dei santi, la remissione dei peccati, la risurrezione della carne, la vita eterna. **Amen.**

Ti onoriamo, o santa di Cascia, per la tua fedeltà alle promesse battesimali. Intercedi per noi presso il Signore perché viviamo con gioia e coerenza la nostra vocazione alla santità, vincendo il male con il bene.

Padre nostro • Ave Maria • Gloria al Padre

Ti onoriamo, o gloriosa santa Rita, per la tua testimonianza di amore alla preghiera in tutte le età della vita. Aiutaci a rimanere uniti a Gesù perché senza di Lui non possiamo far nulla e solo invocando il suo nome possiamo essere salvati.

Padre nostro • Ave Maria • Gloria al Padre

Ti onoriamo, o santa del perdono, per la fortezza e il coraggio che hai dimostrato nei momenti più tragici della tua vita. Intercedi per noi presso il

Signore, perché superiamo ogni dubbio e paura, credendo nella vittoria dell'amore anche nelle situazioni più difficili.

Padre nostro • Ave Maria • Gloria al Padre

Ti onoriamo, o santa Rita, esperta della vita familiare, per l'esempio di virtù che ci hai lasciato: come figlia, come sposa e madre, come vedova e suora. Aiutaci perché ciascuno di noi valorizzi i doni ricevuti da Dio, seminando speranza e pace attraverso il compimento dei doveri quotidiani.

Padre nostro • Ave Maria • Gloria al Padre

Ti onoriamo, o santa della spina e della rosa, per il tuo amore umile e vero a Gesù crocifisso. Aiutaci a pentirci dei nostri peccati e ad amarlo anche noi con i fatti e nella verità.

Padre nostro • Ave Maria • Gloria al Padre

PREGHIERA LITANICA A SANTA RITA

Il frutto dello Spirito è l’amore.
Tu, Rita, lo hai vissuto **Ottienilo per noi**

Il frutto dello Spirito è la pace.
Tu, Rita l’hai vissuta **Ottienila per noi**

Il frutto dello Spirito è la gioia.
Tu, Rita l’hai vissuta **Ottienila per noi**

Il frutto dello Spirito è la pazienza.
Tu, Rita l’hai vissuta **Ottienila per noi**

Il frutto dello Spirito è il perdono.
Tu, Rita lo hai vissuto **Ottienilo per noi**

Il frutto dello Spirito è la purezza.
Tu, Rita l’hai vissuta **Ottienila per noi**

Il frutto dello Spirito è la fedeltà.
Tu, Rita l’hai vissuta **Ottienila per noi**

Il frutto dello Spirito è il dominio di se.
Tu, Rita lo hai vissuto **Ottienilo per noi**

Il frutto dello Spirito è la speranza.
Tu, Rita l’hai vissuta **Ottienila per noi**

PREGHIERA CONCLUSIVA

Signore Gesù, oggi attraverso le mani di santa Rita noi ti presentiamo le nostre situazioni personali e il nostro immenso desiderio di bene per le nostre famiglie e le nostre comunità.

Manda su di noi, o Cristo Gesù, lo Spirito Santo, perché i nostri atteggiamenti e le nostre parole, come quelli di santa Rita, siano ispirati al tuo Vangelo e guidati dalla tua grazia.

Tu sei Dio e vivi e regni con il Padre e lo Spirito Santo nei secoli dei secoli. **Amen.**

Per intercessione di santa Rita ci benedica Dio Onnipotente, Padre e Figlio e Spirito Santo.
Amen.

Benediciamo il Signore.
Rendiamo grazie a Dio.

Supplica a santa Rita da Cascia

(da recitarsi il 22 maggio a mezzogiorno)

O eccelsa Taumaturga del mondo cattolico, o Gloriosa S. Rita da Cascia, come sale bella a Voi, dal nostro cuore, la preghiera in questo giorno, dedicato dalla Chiesa, alla vostra festività!

In quest'ora solenne in cui, mille e mille cuori, a Voi si rivolgono fidenti e pieni di santa speranza nella vostra celeste protezione, anch'io unisco la mia umile prece perché dal Cuore Sacratissimo di Gesù, per i meriti della sua Madre Immacolata, mi otteniate le grazie di cui ho tanto bisogno.

O gran Santa della Chiesa di Dio non sarà possibile che la mia fiducia, nel nostro patrocinio, resti delusa! E non siete Voi Colei che i popoli chiamano la **Santa degli Impossibili, l'Avvocata dei casi disperati?** Ed io appunto mi trovo in tali infelici condizioni per le mie colpe! Voi non vorrete allontanare da me il vostro sguardo: non sarà per me chiuso il vostro cuore; che anzi sono certo che sperimenterò la vostra potente intercessione. Conosco, che ne sono indegno per i miei gravissimi peccati; ebbene si vedrà la vostra celeste carità, il vostro grande amore, ottenendomi la salvezza dell'anima mia. È questa la grazia che principalmente domando a Dio, mercè vostra in questo giorno sacro al vostro natale in Paradiso; e con questa le altre grazie necessarie al mio stato.

O buona S. Rita, appagate i miei voti, ascoltate i miei gemiti, asciugate le mie lacrime, ed anche io proclamerò al mondo, che chi vuol grazia e la domanda a Dio, per mezzo di S.Rita da Cascia, sicuramente sarà esaudito.

In questo giorno di gloria, in cui maggiore e più viva si ridesta la comune fiducia nel vostro patrocinio, vi prego di ottenere da Dio la benedizione, che imploro su me, sui presenti, sul Vicario di Gesù Cristo, sul cattolico Episcopato e Sacerdozio, sui vostri Religiosi Confratelli e Consorelle, che formano l'eletta figliolanza del grande S. Agostino, sui benefattori del vostro Santuario e Monastero di Cascia, sui promotori del vostro culto, su gli infermi, sui poveri, sui derelitti, sui peccatori, su tutti ed anche sulle Anime sante del Purgatorio.

O Santa Rita, Sposa amabilissima di Gesù Crocifisso, da cui aveste in dono una delle spine della sua sacratissima corona, in questo giorno del vostro trionfo, aiutatemi e la vostra protezione non mi venga mai meno nella vita e nel punto della mia morte. Così sia.

3 Padre nostro
Ave Maria
Gloria al Padre

Inni a santa Rita

EVVIVA RITA

Evviva Rita! La cara Santa
Che in cielo ascolta il nostro dir
Tutta la gente dal duolo affranta
Esponga a Lei - il suo desir.
Deh! benedici, o Rita,
il nostro amante cor,
in ogni istante di questa vita
a te sia sacro il nostro amor.

Evviva Rita! Questo bel grido
Echeggi ovunque in terra, in mar,
Suoni solenne in ogni lido
Dove s innalza - di Dio un altar.
Deh! benedici, o Rita,
il nostro amante cor,
in ogni istante di questa vita
a te sia sacro il nostro amor.

Evviva Rita! Nelle famiglie
Aleggi sempre di Dio l'amor.
E tanto i figli quanto le figlie
Crescan, per Lei puri di cuor.
Deh! benedici, o Rita,
il nostro amante cor,

in ogni istante di questa vita
a te sia sacro il nostro amor.

Evviva Rita! dov'è la legge,
Dov'è la scienza, dov'è l'onor
Dov'è chi giudica, dov'è chi regge
Faccia che regni Iddio Signor.
Deh! benedici, o Rita,
il nostro amante cor,
in ogni istante di questa vita
a te sia sacro il nostro amor.

Evviva Rita! - Sia questo il canto
Che echeggi sempre - Su questo suol,
O Rita santa, deh! tergi il pianto
Di chi dolente geme nel duol.
Deh! benedici, o Rita,
il nostro amante cor,
in ogni istante di questa vita
a te sia sacro il nostro amor.

Evviva Rita! Con questo accento
Ogni morente entri nel Ciel.
Ove con gaudio con gran contento
Vedrà il buon Dio senza alcun vel.
Deh! benedici, o Rita,
il nostro amante cor,
in ogni istante di questa vita
a te sia sacro il nostro amor.

RITA, UNA PRESENZA DI DIO

Ogni stagione del mondo attraversa una notte
e l'uomo sempre si sente smarrito e bambino
sente il bisogno di stelle segni d'amore nel cielo
e. il Signore le accende nel cielo lassù.
C'era una volta una madre: la vita di tutti
lotta tra gioia e dolore amando il Signore
ed ecco Dio la chiama a essere luce per tutti
la sopra i monti di Cascia s'è acceso un amore.
Tu Rita sarai segno per noi di questo amore.
(2 volte)

Dentro l'amore più umano la porta il suo Dio
vede fiorire i suoi figli e arriva la morte;
intorno c'è la vendetta, ma nel suo cuore perdona
e nelle case ritorna la pace con lei.
C'è in ogni uomo la sete profonda di Lui
bere alla fonte di Dio pienezza di vita
in un silenzio d'amore
lei si consacra al Signore
che la riempe di grazia e di santità
Tu Rita sarai segno per noi di questo amore.
(2 volte)

Spazi infiniti si aprono ad ogni fratello
su ogni volto le appare il volto di Cristo
si sente madre di tutti
anche se fuori dal mondo
genera Cristo nel cuore dell'umanità
Ora il suo seme è sepolto nel cuore di Dio
ed il suo fiore rinasce ogni giorno nel mondo:
noi ti chiediamo, sorella prega il Signore per noi
perché si compia su noi la sua volontà
Tu Rita sarai segno per noi di questo amore.
(2 volte)

TOTUS TUUS

"Cristo, Principe della Pace è la sorgente della nostra autentica gioia. Testimoniamo la gioia di questa sua presenza forte e dolce a tutti. Diciamo loro che è bello essere amici di Gesù e che vale la pena seguirlo. Mostriamo con il nostro entusiasmo che, tra tanti modi di vivere che oggi il mondo sembra offrirci, tutti apparentemente sullo stesso piano, solo seguendo Gesù si trova il vero senso della vita e perciò la gioia vera e duratura".
Benedetto XVI

Queste parole incarnano alla perfezione l'ideale di vita, gli intenti, la natura e l'opera dell'Editrice Shalom che risponde quotidianamente di "Sì" a quella vocazione alla missione evangelizzatrice, così primaria e più che mai urgente. In questi tempi, infatti, in cui la nostra fedeltà all'unica Chiesa di Cristo è messa a dura prova, è essenziale accogliere nella nostra esperienza cristiana la sottomissione, l'obbedienza e la comunione con il Papa, vivificati dal vincolo di amore trinitario e incoraggiati e guidati da Maria. In più di un'occasione Papa Benedetto XVI ha rinnovato l'invito a difendere il dono più grande che abbiamo: la fede, una fede, sì, aperta al dialogo, ma radicata sull'unica roccia: Gesù Cristo. Anche noi accogliamo l'invito ad avere più coraggio, con tutto il rispetto per le altre culture e religioni nel difendere il grande dono che ci è dato: la vita e la fede in Gesù Cristo che è l'unica vera.

Facendo della promessa della Vergine di Lourdes a Bernadette lo scopo del nostro lavoro: "Non vi prometto di rendervi felici in questo mondo, ma nell'altro" presentiamo il catalogo 2006 sotto il segno della profezia espressa dal santo Curato d'Ars: "Verrà un giorno in cui gli uomini saranno talmente stanchi di sentir parlare dell'uomo che piangeranno di gioia quando si parlerà loro di Gesù!". Le pagine che seguono, infatti, propongono testi ortodossi (cioè scritti in assoluta obbedienza alle leggi della Chiesa Cattolica) editi dall'Editrice SHALOM, casa editrice cattolica e mariana, che si prefigge di promuovere la preghiera tra il maggior numero possibile di lettori e di ristabilire il culto Eucaristico al centro della vita umana. Per rendere attuabile questo progetto, l'Editrice SHALOM, pur essendo una società commerciale, ha rinunciato ad ogni fine di lucro e non riconosce alcun tipo di diritto d'autore (né patrimoniale, né morale) su testi, traduzioni, foto, disegni ed illustrazioni di ogni tipo. Abbiamo notato che il Signore è molto generoso con........... i generosi. Egli infatti non può sopportare di farsi battere in generosità. Questa iniziativa viene sviluppata allo scopo di contribuire al trionfo del Cuore Immacolato di Maria, nella certezza di poter servire Il Regno di Dio, partecipando alla fede e all'obbedienza di Maria, serva e madre del Signore, affidandosi totalmente alla sua protezione insieme a quella di san Giuseppe e dei santi Michele, Gabriele e Raffaele arcangeli. *Stampato marzo 2006 da Canale di Borgaro Torinese.*

"PREGATE, PREGATE, PREGATE"

Formato: cm. 12 x 19	
Pagine: 480	
Prezzo: € 7,00	
Codice d'ordine 8100	

codice 8100

Collana: LA MADRE DI DIO

Più che parlare di questo libro "miracoloso" è il "Pregate, pregate, pregate" che parla da sé e di sé. È il "passa-parola" di migliaia e migliaia di cristiani che lo hanno apprezzato, sgualcito, usato e consumato nella preghiera e che non potendone fare a meno lo hanno ricomprato quando cadeva a pezzi e non potendo tacere le meraviglie che la preghiera operava in loro lo hanno regalato ai propri cari, conoscenti o diffuso come opera di apostolato.

Per questo ogni parola o slogan è impreciso e riduttivo per spiegare questa, che non è una semplice antologia di preghiere o un manualetto più o meno completo di preghiera, ma uno strumento agile, efficace e utilizzabile da 0 a 110 anni... Da chi è alle prime armi e non conosce le verità della fede e le preghiere tradizionali, da chi le ha un po' impolverate per gli anni lontani dal Signore, da chi vuole pregare usando devozioni e formule care alla tradizione o da chi vuole provare nuove forme e tipi di preghiera... in una parola da tutti!

ISBN 978-88-816-00-7

Autore
Madre Maria Gabriella Turrin dell'Annunciazione cmop

Contenuti
- Preghiere, coroncine, consacrazioni, suppliche e novene con le quali onorare, chiedere, lodare e ringraziare:
- Padre
- Figlio
- Spirito Santo
- Beata Vergine Maria
- Santa Famiglia
- Angeli
- Santi

Oltre a:
- Le verità della fede
- Le preghiere tradizionali

Codice 8101	Ediz. pregiata con copertina cartonata	**€ 8,00**
Codice 8150	Edizione ampliata	prossima edizione
Codice 8148	Pray, pray, pray *(inglese)*	**€ 9,00**
Codice 8149	Recen, recen, recen *(spagnolo)*	prossima edizione

"PREGATE IL SANTO ROSARIO OGNI GIORNO, PREGATE INSIEME"

Formato: cm. 12 x 19	
Pagine: 256	
Prezzo: € 5,00	
Codice d'ordine 8102	

NUOVA EDIZIONE

codice 8102

Collana: **LA MADRE DI DIO**

ISBN 978-88-86616-02-3

Autore
Padre Slavko Barbaric ofm

Contenuti
- Come si recita il Rosario...
- I Misteri della Gioia
- I Misteri del Dolore
- I Misteri della Gloria
- I Misteri della Luce
- Ben cinque meditazioni per ogni mistero
- Preghiere di ogni giorno
- Consacrazioni
- Preghiere per la famiglia
- Verità principali della fede

Questa edizione, completamente rinnovata, con un linguaggio semplice e accessibile a tutti, dai più giovani ai più anziani, aiuta a pregare col cuore. Soprattutto aiuta a mettere in pratica quello che la Madonna chiede: vivere i misteri! Queste meditazioni aiuteranno a "vivere" i misteri del Rosario facendo riflettere su aspetti concreti della nostra vita, su momenti della nostra quotidianità visti alla luce dei misteri del Santo Rosario: vi avevano mai detto che per vivere i misteri bisogna perdonare, donare senza aspettarsi mai niente in cambio, amare il prossimo, iniziando dai nostri familiari, sopportare, consolare, ma soprattutto amare?

Codice 8103	Edizione tascabile (cm.10x14 - pag.192)	**€ 2,50**
Codice 8234	Edizione tascabile (cm.10x14 - pag.32)	**€ 1,50**
Codice 8117	Recen el Santo Rosario cada dia, *(spagnolo)*	**€ 5,00**
Codice 8118	Pray the Holy Rosary every day *(inglese)*	**€ 5,00**
Codice 8120	Priez chaque jour le Saint Rosaire, *(francese)*	**€ 5,00**
Codice 8119	Betet den Heligen Rosenkranz (tedesco)	**€ 5,00**
Codice 8171	Codziennie odmavviajcie Rozaniec *(polacco)*	**€ 5,00**

SULLA TUA PAROLA MESSALINO

LETTURE DELLA MESSA COMMENTATE PER VIVERE LA PAROLA DI DIO

Formato: cm. 9,4 x 13,8	
Pagine: 384	
Prezzo: € 3,00	
Codice d'ordine vari	

Collana: IL FIGLIO

Tutte le letture del giorno raccolte, due mesi per due mesi, in un comodo libricino, economico, leggero e tascabile, da portare in borsa o in tasca quando vai alla Santa Messa, o anche semplicemente per leggere la Parola di Dio comodamente a casa propria o per strada.Poiché la Parola di Dio non è un libro qualunque, ma è il Signore a parlare al nostro cuore, allora ci siamo posti l'obiettivo di aiutare il fedele a capire il più possibile le letture. Infatti ogni lettura è spiegata e meditata, per comprendere il Vangelo ma anche per capire e conoscere i "personaggi" dell'Antico e del Nuovo Testamento, il perché delle loro azioni o delle loro parole che assai spesso risultano poco comprensibili se non si conosce il contesto in cui loro agivano o parlavano.

Commenti:
Fr. Roberto Fusco ffb

Modi di vivere:
Sr. Anne Marie Wauthier ffb

Contenuti
Ogni libretto ti accompagna per due mesi e contiene:

- Le letture della Messa
- Meditazioni per ogni lettura.
- Spunti di riflessione
- Propositi semplici per mettere in pratica la Parola di Dio.
- Perle di vita cristiana.

Codice 8281	Gennaio - Febbraio	**€ 3,00**
Codice 8282	Marzo - Aprile	**€ 3,00**
Codice 8283	Maggio - Giugno	**€ 3,00**
Codice 8278	Luglio - Agosto	**€ 3,00**
Codice 8279	Settembre - Ottobre	**€ 3,00**
Codice 8280	Novembre - Dicembre	**€ 3,00**
Abbonamento annuale ai 6 numeri del Messalino		**€ 18,00**

SANTA MONICA
MADRE FORTE NELLA PIETÀ

codice 8356

Formato: cm. 11 x 17	
Pagine: 192	
Prezzo: € 5,00	
Codice d'ordine 8356	

Un libro di Padre Remo Piccolomini osa

Santa Monica non è nata santa, ma c'è diventata, e, Dio solo sa, con quanta fatica, sacrifici, lacrime e preghiere. Tutti la possiamo imitare, basta essere aperti alla grazia di Dio e volerlo. La sua vita deve essere per tutti noi uno stimolo, perché se lei è diventata santa, anche noi, con il suo aiuto, lo potremo.

Collana:
I SANTI

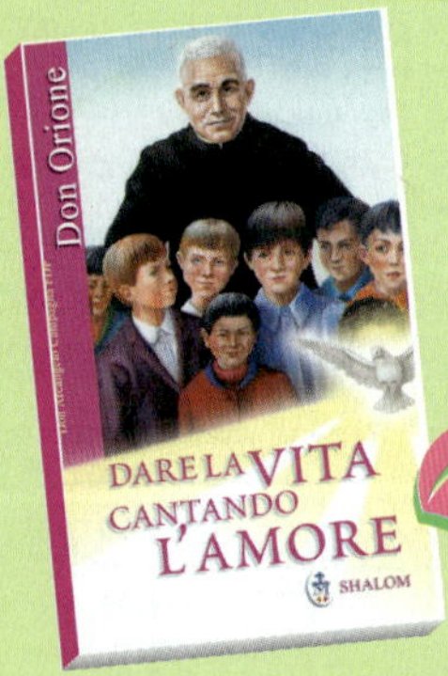

DON ORIONE
DARE LA VITA CANTANDO L'AMORE

codice 8330

Formato: cm. 11 x 17	
Pagine: 448	
Prezzo: € 7,00	
Codice d'ordine 8330	

ISBN
978-88-8404-111-1

Un libro di Don Arcangelo Campagna FDP

La biografia scritta con amore di figlio da don Campagna, si distingue ed il lettore se ne accorgerà immediatamente per scorrevolezza di stile, rapidità di narrazione e, soprattutto, per una curatissima informazione che non può non suscitare vivissimo interesse.

Collana:
I SANTI

LE MIE CONFESSIONI

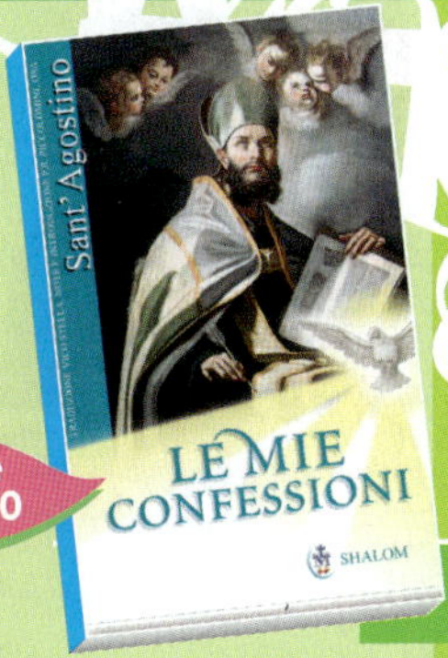

Formato: cm. 12 x 19	
Pagine: 640	
Prezzo: € 8,00	
Codice d'ordine 8300	

codice 8300

Testi originali di sant'Agostino
In questo libro ognuno potrà ritrovarsi con le proprie debolezze e soprattutto con le proprie passioni, che Agostino riteneva forze vitali insostituibili, purché incanalate verso il loro vero fine.
Dopo la Bibbia pochi libri possono essere considerati come questo una pietra miliare nella formazione dei cristiani di ogni tempo.

Collana:
I SANTI

PREGHIERE A SANTA RITA DA CASCIA

Formato: cm. 12 x 19	
Pagine: 256	
Prezzo: € 7,00	
Codice d'ordine 8352	

codice 8352

Un libro di Padre Remo Piccolomini osa
e Natalino Monopoli
La profondità della sua preghiera Rita la esprimeva nelle forme care alla pietà popolare: poteva così più facilmente aprire alla preghiera la gente umile alla quale di preferenza si rivolgeva. Seguirne l'esempio vuol dire riscoprire il significato della preghiera, che è "Innamorarsi e incontrarsi con Dio".

Collana:
I SANTI

SAN GABRIELE DELL'ADDOLORATA
ABITARE LA GIOIA

codice 8351

Formato: cm. 11 x 17	
Pagine: 256	
Prezzo: € 5,00	
Codice d'ordine 8351	

ISBN
978-88-8404-091-6

Padre Francesco Cordeschi CP
e Padre Pierluigi Di Eugenio CP

"Abitare la gioia", non è uno spot promozionale, per un edificio futuribile o per una vacanza da favola, ma è la sintesi della vita di un giovane che ripeteva: "La mia vita è una gioia continua". San Gabriele ha fatto della sua vita, piantata alle falde del Gran Sasso,un'esperienza unica e irrepetibile di gioia.

Collana:
I SANTI

SAN GERARDO
IL FRATICELLO CHE GIOCAVA CON DIO

codice 8328

Formato: cm. 11 x 17	
Pagine: 384	
Prezzo: € 5,00	
Codice d'ordine 8328	

ISBN
978-88-8404-089-3

Un libro di Padre Luciano Panella C.Ss.R.

San Gerardo Maiella bisogna prenderlo così com'è: una copia del Cristo sofferente, un fanatico della volontà di Dio, un carismatico cacciatore di anime, un mistico spesso in estasi, un seminatore di miracoli.

CHI NON RIESCE AD AVERE UN FIGLIO LO INVOCHI!

Collana:
I SANTI

PIO XII
È VERAMENTE UN SANTO

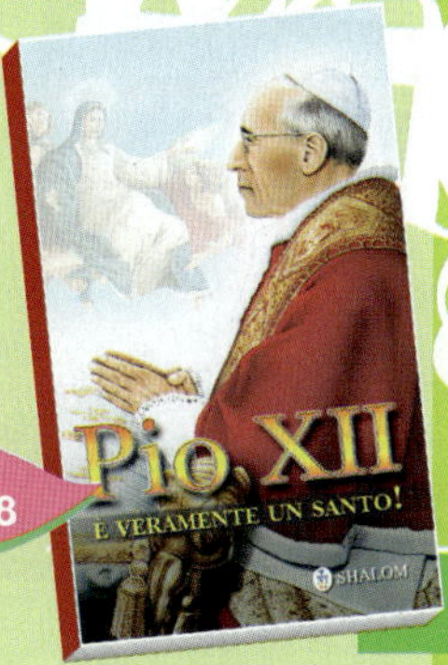

Formato: cm. 11 x 17	
Pagine: 384	
Prezzo: € 5,00	
Codice d'ordine 8298	

Un libro di don Giuseppe Cionchi

Pio XII va giudicato da quello che ha fatto. Le testimonianze abbondano in questo libro semplice e chiaro che vuole riaffermare la santità di uno dei papi più contestati della storia del Cristianesimo. Nella notte più buia della calunnia e della diffamazione è solo una piccola fiammella... Ma senza questa il buio sarebbe più pesto!

ISBN
978-88-8404-075-6

Collana:
I SANTI

IL PIO IX NASCOSTO

Formato: cm. 11 x 17	
Pagine: 256	
Prezzo: € 5,00	
Codice d'ordine 8236	

Un libro di don Giuseppe Cionchi

I più ignorano la sua vita intessuta di preghiere, grazia, umiltà e carità; il suo amore sincero per Dio e per l'Eucaristia, la devozione al Sacro Cuore e alla Madonna, la sua venerazione per i santi, le sue opere di carità! "Sono un sacerdote povero di Cristo povero", "un buon parroco di campagna": così amava definirsi Pio IX, odiato dai regnanti e amato dal popolo.

ISBN
978-88-8404-003-5

Collana:
I SANTI

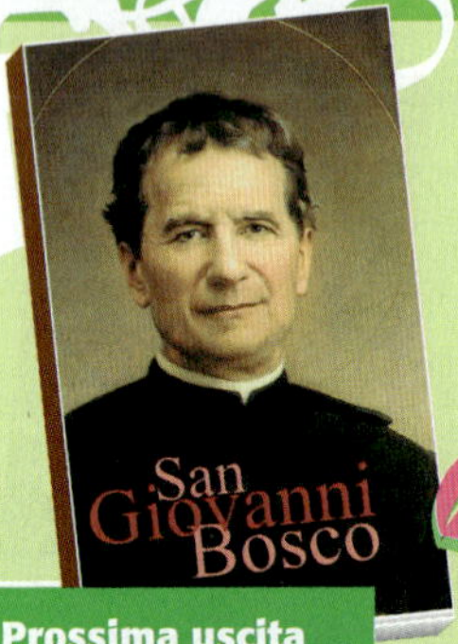

Prossima uscita

SAN GIOVANNI BOSCO

codice 8326

Formato: cm. 11 x 17	
Pagine: 192	
Prezzo: € 4,00	
Codice d'ordine 8326	

Grande apostolo dei giovani, San Giovanni Bosco (1815-1888) fu loro padre e guida alla salvezza con il metodo della persuasione, della religiosità autentica, dell'amore teso sempre a prevenire anziché a reprimere. Sul modello di san Francesco di Sales il suo metodo educativo e apostolico si ispira ad un umanesimo cristiano che attinge motivazioni ed energie alle fonti della sapienza evangelica.

Collana:
I SANTI

SAN GIUSEPPE MOSCATI
UN GRANDE NELLA CARITÀ

codice 8327

Formato: cm. 11 x 17	
Pagine: 320	
Prezzo: € 5,00	
Codice d'ordine 8327	

ISBN
978-88-8404-114-2

Un libro di Padre Carlo Colonna s.j. ed Elisabetta Nardi
Il profetismo di san Giuseppe Moscati emergeva soprattutto nel modo di esercitare la sua professione medica, un profetismo singolare, che si manifestava nella rapidità, veracità e sicurezza con cui eccelleva nel diagnosticare le malattie dei suoi pazienti, nel suggerire rimedi adatti, nel prevedere guarigione o morte e cose simili.

Collana:
I SANTI

FILOTEA:
INTRODUZIONE ALLA VITA DEVOTA

Formato: cm. 11 x 17	
Pagine: 512	
Prezzo: € 7,00	
Codice d'ordine 8240	

codice
8240

Manoscritto originale di San Francesco di Sales tradotto dal francese da don Giuseppe Cionchi

ISBN
978-88-8404-036-1

Questo libro aiuta milioni e milioni di cristiani da più di quattro secoli. Con un linguaggio semplice e pieno di amore paterno san Francesco di Sales ci prende per mano guidandoci lungo il difficile cammino della santità.

Collana:
I SANTI

IL CUORE DI MADRE SPERANZA

Formato: cm. 12 x 19	
Pagine: 320	
Prezzo: € 5,00	
Codice d'ordine 8165	

[redacted]

Un libro scritto da vari sacerdoti della Congregazione dei figli dell'Amore Misericordioso

ISBN
978-88-86616-99-6

Per conoscere Madre Speranza, apostola dell'Amore Misericordioso e per apprenderne il suo messaggio. Esce in versione completamente rinnovata nei suoi contenuti per raggiungere un pubblico più vasto, cioè sia coloro che già hanno il libro e lo hanno amato e chi non conosce la figura della piccola-grande suora.

Collana:
I SANTI

PREGHIERE AI SANTI BENEDETTO E SCOLASTICA

codice
8125

Formato: cm. 12 x 19
Pagine: 224
Prezzo: € 7,00
Codice d'ordine 8125

ISBN
978-88-86616-76-8

Questo "Libro di preghiere" ha lo scopo di aiutare quanti vogliono rivolgersi a san Benedetto nella preghiera, nella invocazione, nella richiesta di grazie e favori, affinché possano attraverso la loro intercessione ottenere la misericordia del Signore, che è grande per quanti lo invocano.

Collana:
I SANTI

[redacted]

STORIA DI UN'ANIMA

3

Formato: cm. 11 x 17
Pagine: 448
Prezzo: € 5,00
Codice d'ordine 8203

ISBN
978-88-86616-89-9

Manoscritto originale di Santa Teresa di Gesù Bambino

Santa Teresa di Gesù Bambino ha scritto in prima persona questa autobiografia "spirituale" che ripercorre le tappe più significative della sua vita. Santa Teresa, ritenuta ancora oggi una delle figure più attuali della cristianità, ha fatto conoscere al mondo le meraviglie operate in lei dall'amore di Gesù, ed attuabili in ogni persona.

Collana:
I SANTI

LO SCAPOLARE DEL CARMELO

codice 8339

Formato: cm. 10 x 14	
Pagine: 256	
Prezzo: e 3,00	
Codice d'ordine 8339	

Lo Scapolare, rimane solo un segno e un pegno della protezione di Maria per chi lo indossa devotamente. Al tempo stesso, lo Scapolare è un segno di appartenenza a Maria e di fiducioso affidamento a lei, in una parola di "consacrazione mariana". In questo libro tutta la devozione legata all'Abitino della Vergine in versione tascabile.

ISBN
978-88-8404-081-7

Collana:
LA MADRE DI DIO

LA MEDAGLIA MIRACOLOSA

codice 8332

Formato: cm. 10 x 14	
Pagine: 192	
Prezzo: e 3,00	
Codice d'ordine 8332	

Per conoscere e amare la storia e la devozione dell'unica medaglia ideata e voluta dalla Madonna e somigliarle sempre di più! Se santa Caterina Labouré a cui la Vergine, comparendo nel 1830, chiese di coniarla, si lamentò che il dono della Medaglia miracolosa non era apprezzato come si conveniva, dobbiamo far sì che questo lamento non valga per noi... Dipende da noi, dal nostro amore per la Madonna.

ISBN
978-88-8404-098-5

Collana: MARIA PARLA ANCORA

I FIORETTI DI SANTA CHIARA

codice 8220

Formato: cm. 12 x 19
Pagine: 448
Prezzo: € 7,00
Codice d'ordine 8220

ISBN
978-88-86616-82-1

Un libro di Suor Chiara Augusta Lainati osc
e Suor Chiara Carla Cabras osc

Questa piccola antologia comprende la raccolta dei Fioretti di Santa Chiara; belli nel loro insieme sono racconti storicamente veri o inventati il cui scopo è trasmettere al lettore, con umile espressione e semplicità, qualcosa di edificante per la propria vita.

Collana:
I SANTI

RITRATTO A PENNA DI SORELLA CHIARA

codice 8291

Formato: cm. 11 x 17
Pagine: 256
Prezzo: € 5,00
Codice d'ordine 8291

ISBN
978-88-8404-062-0

Un libro di Padre Bruno Giannini ofm

Si legge tutto d'un fiato, è un libro che rapisce il lettore perché affascina andare alla scoperta delle meraviglie che il Signore ha posto in una donna così umile e semplice. L'autore magistralmente svela Chiara e Francesco come due pennellate d'un medesimo quadro e ci lascia gustare, goccia a goccia, l'essenza di questa grande Santa.

Collana:
I SANTI

FIORI DI CALABRIA

Formato: cm. 11 x 17	
Pagine: 192	
Prezzo: € 5,00	
Codice d'ordine 8357	

codice 8357

Un libro di Mons. Girolamo Grillo
Vescovo di Civitavecchia-Tarquinia

ISBN
978-88-8404-113-5

La vita del Servo di Dio, don Francesco Mottola, raccontata come tanti fioretti con la vivacità e la freschezza di uno stile diretto e vivo.

Collana:
I SANTI

SAN MASSIMILIANO KOLBE

Formato: cm. 11 x 17	
Pagine: 320	
Prezzo: € 5,00	
Codice d'ordine 8368	

codice 8368

Massimiliano Maria Kolbe innamorato della Vergine, fondò "La Milizia di Maria Immacolata" e svolse, con la parola e con la stampa, un intenso apostolato missionario in Europa e in Asia. Deportato ad Auschwitz durante la seconda guerra mondiale, in uno slancio di carità offrì la sua vita di sacerdote in cambio di quella di un padre di famiglia, suo compagno di prigionia.

Collana:
I SANTI